财会类专业通用创新系列教材

会计综合实训

Comprehensive Training of Accounting

侯小坤 侯丽平 主 编
赵思思 孙 涵 副主编

东北财经大学出版社
Dongbei University of Finance & Economics Press
大连

图书在版编目（CIP）数据

会计综合实训 / 侯小坤，侯丽平主编. —大连 ：东北财经大学出版社，2025.7. —（财会类专业通用创新系列教材）. —ISBN 978-7-5654-5353-3

Ⅰ. F230

中国国家版本馆CIP数据核字第20248RIV75号

会计综合实训

KUAIJI ZONGHE SHIXUN

东北财经大学出版社出版

（大连市黑石礁尖山街217号　邮政编码　116025）

网　　址：http://www.dufep.cn

读者信箱：dufep@dufe.edu.cn

大连金华光彩色印刷有限公司印刷　东北财经大学出版社发行

幅面尺寸：205mm×285mm　字数：227千字　印张：13　插页：1

2025年7月第1版　2025年7月第1次印刷

责任编辑：包利华　责任校对：刘贤恩

封面设计：原　皓　版式设计：原　皓

书号：ISBN 978-7-5654-5353-3　定价：39.00元

教学支持　售后服务　联系电话：（0411）84710309

如有印装质量问题，请联系营销部：（0411）84710711

前 言

党的二十大报告指出，“统筹职业教育、高等教育、继续教育协同创新”，这是以习近平同志为核心的党中央全面部署“实施科教兴国战略，强化现代化建设人才支撑”的重大举措。要优化职业教育类型定位，坚持工学结合、知行合一，培养更多高素质劳动者、高技能人才、能工巧匠、大国工匠，增强职业教育适应性。会计学作为一门应用性较强的专业，专业综合实训是培养学生岗位能力、形成严谨规范工作态度、增强创新精神的重要育人环节。

本教材是以党的二十大精神为指引，以《中国教育现代化2035》提出的推进教育现代化的八大基本理念为指导，由河南经贸职业学院与郑州秉初财税管理有限公司在河南省“十二五”普通高等教育规划教材《会计综合模拟实训》基础上，结合教学实践反馈，依据最新会计税收政策，重新开发编写的会计实训实操教材。教材按照中小企业会计岗位能力要求，采用任务驱动式教学法编写，设计了一个制造业企业连续两个月的实训项目，充分体现技能的连续性，素材丰富，资料翔实，以达到加强技能性和实践性教学的目的。

2015年以来，全国“一照一码”登记模式逐步全面推行；2016年5月“营改增”全面实施；2021年《中华人民共和国国民经济和社会发展第十四个五年规划和2035年远景目标纲要》从顶层设计上明确了我国数字经济发展的总体思路、发展目标、重点任务和重大举措；2023年1月1日财政部印发了《会计人员职业道德规范》；2024年6月28日第十四届全国人民代表大会常务委员会第十次会议通过了《全国人民代表大会常务委员会关于修改〈中华人民共和国会计法>的决定〉；2024年7月26日财政部发布了《会计信息化工作规范》；2024年7月29日财政部发布了《会计软件基本功能和服务规范》；2024年11月12日国家税务总局发布了《国家税务总局关于推广应用全面数字化电子发票的公告》，决定自2024年12月1日起在全国正式推广全面数字化电子发票（简称“数电发票”）。鉴于此，本教材在编写过程中，充分体现了以下特点：

第一，融入《会计人员职业道德规范》并充分体现最新的财税政策。本教材所有经济业务完全按照最新财税政策设计提炼，所有经济业务的票据、单证均根据《新版票据与结算凭证使用手册》、《中华人民共和国发票管理办法》（2023年7月修订实施）设置，与现实情况完全相符，为学生创造了真实的会计工作环境。

第二，充分体现技能的综合性。本教材以小型服装制造企业为背景，以制造业经济业务为主线，设计了从公司设立到后续运营中连续两个月的具有典型代表性的经济业务，同时进行手工会计处理和信息化会计处理实训，技能训练更全面、更连贯，更有助于学生对岗位技能的理解。

第三，课赛融通，核算难度适中。根据全国高职会计技能大赛的比赛内容，设计了企业产供销、筹资、投资、非货币性资产交换、投资性房地产、交易性金融资产等典型经济业务，并增加了融资租赁、所得税资产负债表债务法等相关经济业务设置，涵盖了企业会计核算全过程，内容更丰富，覆盖面更广。

第四，教学资源丰富。教材配有教学PPT等数字化教学资源，并提供实训参考答案。

本教材由河南经贸职业学院侯小坤、侯丽平担任主编，赵思思、孙涵担任副主编，郑州秉初财税管理有限公司刘博参编。具体分工如下：侯丽平编写项目一，刘博编写项目二，赵思思编写项目三之任务一，侯小坤编写项目三之任务二，孙涵编写项目四。最后，由侯小坤对全书进行总纂和定稿。

本教材可作为高等职业专科院校、高等职业本科院校、中等职业院校、成人高校大数据与会计专业及相关专业的教材，也可供五年制高职、中职学生使用，并可作为社会从业人士的参考读物。

由于开发基于工作过程的实训教材还在不断丰富、深入，限于编者的水平，书中难免有欠缺和不足之处，恳请广大读者和同行不吝斧正。请通过东北财经大学出版社获取教学资源或提出意见及建议，联系方式如下：

电话：0411-84711800

邮箱：184510119@qq.com

编　者

2025年7月

目 录

● 项目一 会计综合实训指导 / 1

任务一 明确实训目标要求 / 2
任务二 熟悉实训操作程序 / 2
任务三 了解实训组织安排 / 3
任务四 知晓实训考核评价 / 4

● 项目二 实训企业资料介绍 / 5

任务一 认知实训企业基本概况 / 6
任务二 了解实训企业内部会计制度 / 7

● 项目三 手工会计实训资料 / 11

任务一 处理11月份经济业务资料 / 13
任务二 处理12月份经济业务资料 / 95

● 项目四 会计信息化实训资料 / 187

任务一 初始账套预置数据 / 188
任务二 基础档案设置 / 189
任务三 总账系统初始化 / 194
任务四 各子模块设置 / 198
任务五 11月份业务处理 / 203
任务六 12月份业务处理 / 204

项目一

会计综合实训指导

任务一　明确实训目标要求

会计综合实训的目的是为学生提供一个模拟的会计工作空间，让学生对生产经营过程中的各项经济业务的会计处理进行一次全面、系统的“演习”，以提高学生记账、算账、报账以及分析管理的实际操作能力，增强学生毕业后独立从事会计工作的能力。

本会计综合实训以小型服装制造企业为背景，以服装制造业常见的经济业务为主线，抽取了从公司设立到后续运营中代表性月份的经济业务，同时进行手工会计处理和信息化会计处理。要求每位实习学生掌握识别和审核原始单据、手工填制记账凭证、登记账簿、成本计算、编制报表等会计工作技能，掌握利用财务软件处理会计业务的技能，从而对企业财务核算的全过程有比较完整的认识。具体要求：

（1）认真阅读教材的有关内容，明确每个实训环节的目的、要求、步骤，为实训做好准备。

（2）在会计综合实训中，要结合“基础会计”“财务会计”“成本会计”等课程知识和《会计基础工作规范》等，加强对会计理论的理解，达到将会计理论和会计方法融会贯通的目的。

（3）会计综合实训资料中不提供具体经济业务的文字说明，只提供与经济业务有关的原始票据，要求学生通过对原始票据的识别、分析，来判定经济业务的类别，并依据判定结果进行会计处理。

（4）会计综合实训要求使用真实的记账凭证、账页、会计报表。

（5）会计综合实训要求将所有记账凭证分别按编号排列，整理整齐，加具凭证封面，装订成册；同时还应将日记账、总分类账、明细分类账及会计报表分别加具账簿封面，装订成册。

（6）会计信息化实训是包含总账、报表、薪资、固定资产、应收、应付模块的综合实训，实训学生不仅要非常熟练地掌握常用的总账系统和报表系统的具体操作技能，还要掌握其他主要子系统的具体操作，理解各个子系统之间的关系。

（7）实训结束后，要求每位实训学生写出实训报告，总结实训心得，以便提高写作和分析能力。

任务二　熟悉实训操作程序

（一）熟悉企业的基本情况

了解实训资料中的企业概况，如单位名称、企业类型、企业性质、注册资金、股东组成、组织结构、经营范围等；熟悉实训企业的会计机构、会计人员分工、会计制度和会计核算要求；熟悉企业的产品、生产基本流程。

（二）建账

建账是会计工作的开始。建账就是建立账簿体系。实训资料中的企业成立于 2024 年 11 月份，要求根据一般会计核算的需要，开设库存现金日记账、银行存款日记账、各有关总分类账和明细分类账。

（三）识别原始单据

从实训资料中剪下原始票据，逐张识别原始凭证。首先要认识原始单据的类别和名称，其次审阅原始凭证的内容，如凭证的日期、经济业务内容、数量、单价、金额、填制单位的公章、填制人员的签名等内容，最后判定该原始单据是反映什么经济业务。

(四) 填制记账凭证

根据原始凭证，对每笔经济业务编制通用记账凭证，并将相关的原始凭证附于记账凭证之后。

(五) 登记账簿

根据记账凭证逐日逐笔登记库存现金日记账和银行存款日记账；根据记账凭证逐笔登记各种明细分类账；每月末编制科目汇总表，根据科目汇总表登记总分类账。

(六) 对账和结账

月末结出各类账户本期发生额及期末余额，将总分类账簿、明细分类账簿、日记账簿中相关内容进行核对，发现错账并进行更正。

(七) 编制会计报表

根据准确无误的科目汇总表、科目余额表、账簿记录编制资产负债表、利润表。

(八) 会计档案的装订和保管

月末，将记账凭证分别按编号排列，整理整齐，加具凭证封面，装订成册。同时还应将日记账、总分类账、明细分类账及会计报表分别加具账簿封面，装订成册。

（注：国家税务总局规定，自 2024 年 12 月 1 日起，在全国正式推广应用数电发票；结合 2023 年国家档案局办公室、财政部办公厅、商务部办公厅、国家税务总局办公厅印发的《电子发票全流程电子化管理指南》及 2024 年财政部会计司公布的《电子凭证会计数据标准（试行版）》的要求，建议在条件允许的情况下，模拟电子发票档案保管，制作相应台账。本书中发票均按最新数电发票票样制作，但因 .xml 文件不可视，故不再提供）

(九) 信息化处理会计业务

（1）建立账套。

（2）进行基础信息设置，并进行总账、固定资产、薪资、应收、应付系统初始化设置。

（3）根据业务填制记账凭证，工资和固定资产业务分别在薪资系统和固定资产系统处理，向总账系统传递凭证。

（4）对填制的凭证进行审核、记账。

（5）编制资产负债表和利润表。

（6）月末结账（先对薪资系统、固定资产系统进行月末结账，再对总账系统结账）。

任务三　了解实训组织安排

(一) 实训场地

根据实训人数、实训条件，开展会计综合实训的场地可以选择在教室或实训室进行。

(二) 手工实训用品准备

开展手工会计综合实训需要配备以下用品：

（1）会计办公用品。需要的会计办公用品主要有计算器，红、蓝或黑水笔，直尺，胶水，大头针，曲别针，剪刀，夹子，装订用的针和绳子，装订机等。

（2）会计凭证。会计处理的原始单据由实训资料提供；记账凭证 150 张，凭证封皮 3 张。

（3）账簿报表。库存现金日记账、银行存款日记账、总账、各类明细账、利润表、资产负债表等，具体数量见表 1-1。

表 1-1　实训用账表名称及数量

名称	单位	用量	名称	单位	用量
库存现金日记账（三栏式）	张	2	三栏式总账	张	40
银行存款日记账（三栏式）	张	6	科目汇总表	张	10
三栏式明细账	张	60	资产负债表	张	3
多栏式明细账	张	10	利润表	张	3
数量金额式明细账	张	45	报表封面	张	2
应交增值税明细账	张	2	账簿标签	张	若干
生产成本明细账	张	7			

备注：

①三栏式明细账账页用于“其他货币资金”“应收账款”“其他应收款”“坏账准备”“长期股权投资”“短期借款”“应付账款”“应交税费（应交增值税明细账账页除外）”“长期借款”“实收资本”“资本公积”“盈余公积”“本年利润”等明细账的设置。

② 多栏式明细账账页用于“制造费用”“主营业务收入”“主营业务成本”“管理费用”“财务费用”“销售费用”“利润分配”等明细账的设置。

③ 数量金额式明细账账页用于“原材料”“库存商品”“固定资产”“周转材料”等明细账的设置。

④ 生产成本明细账账页用于“生产成本”明细账的设置。

（三）信息化实训用品准备

开展信息化会计综合实训需要配备用友财务软件和电脑，配备电脑的数量根据实训学生人数确定，可以每人一台电脑，也可以两人共用一台电脑（一人进行手工会计处理，另一人进行信息化会计处理）。

（四）人员安排

根据实训学生人数安排实训指导老师，指导老师可以将实训学生分成若干小组，每组指定组长，配合指导老师组织开展实训，如记录本组学生的考勤、分发实训用品等。

任务四　知晓实训考核评价

会计综合实训结束后，应根据学生的全部实训成果作品（凭证、账册、报表等资料）与学生在实训过程中的具体表现评价学生的综合实训成绩。考核标准参考如下：

（一）分数等级

优（90 分以上）、良（80 分 ~ 89 分）、中（70 分 ~ 79 分）、及格（60 分 ~ 69 分）、不及格（60 分以下）。

（二）分数比例

（1）实训过程中的实习态度、纪律、出勤：20%。

（2）经济业务会计处理的正确性：50%。

（3）凭证、账簿、报表中的规范、清晰、工整、整洁：20%。

（4）会计档案整理装订质量：10%。

项目二

实训企业资料介绍

任务一　认知实训企业基本概况

（一）公司基本情况

（1）注册公司名称：郑州惠丽制衣有限公司

（2）注册地址及电话：郑州市康庄大道 168 号，电话：63817177，传真：63817178

（3）公司成立于 2024 年 11 月 1 日，公司总注册资本为 1 000 万元（由李惠萍和张曼丽共同投资成立，其中，李惠萍出资 600 万元，占总股本的 60%，张曼丽出资 400 万元，占总股本的 40%）。公司为增值税一般纳税人，执行《企业会计准则》，法定代表人为李惠萍。

（4）经营范围：生产、销售各类服装、纺织制品。

（5）统一社会信用代码：91410105317912513M，公司为增值税一般纳税人。

（6）开户银行（基本户）：招商银行郑州福元路支行，账号：624306528708091001。

（二）公司机构设置情况

公司设置的职能部门如图 2-1 所示。

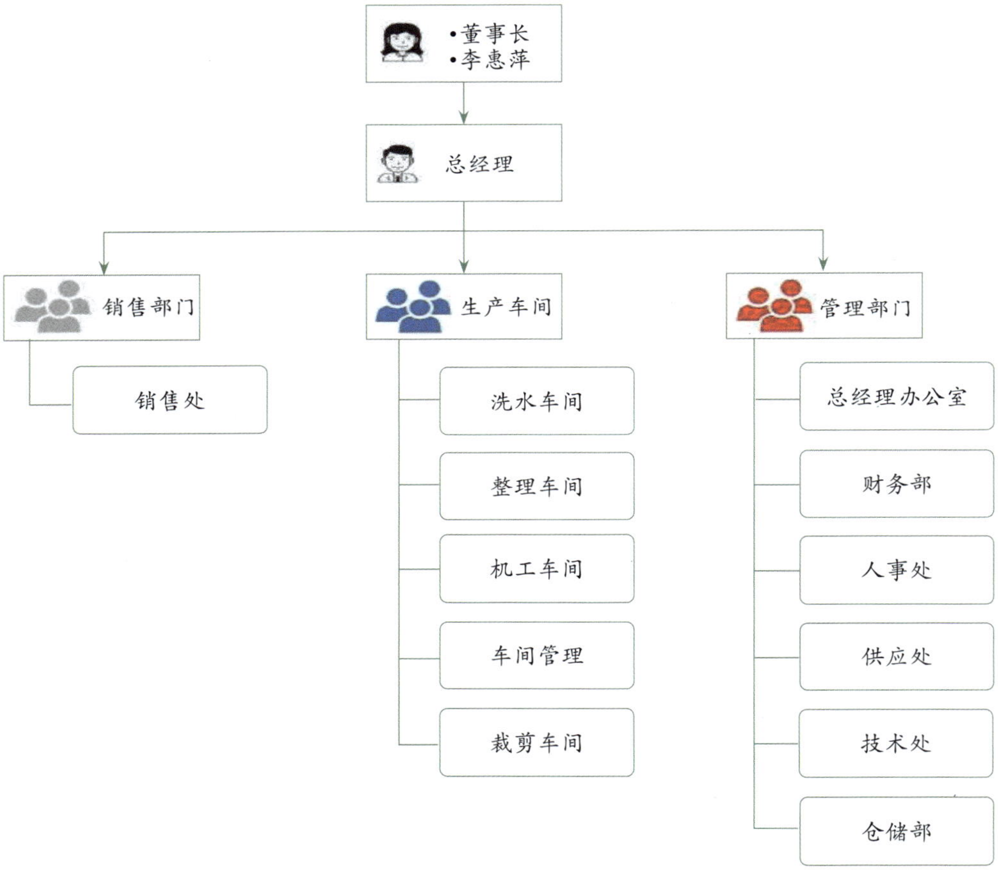

图 2-1　公司组织机构框架图

（三）公司生产流程的简介

第一步：裁剪车间将面料按要求的式样、尺寸裁剪成服装和其他纺织制品的裁剪样片；

第二步：机工车间将裁剪样片缝合，制成服装和其他纺织制品。

第三步：整理车间将服装或其他纺织制品进行钉扣、熨烫、挂吊牌、上衣架、装胶袋、装箱等处理。产品在各车间的生产流程如图 2-2 所示。

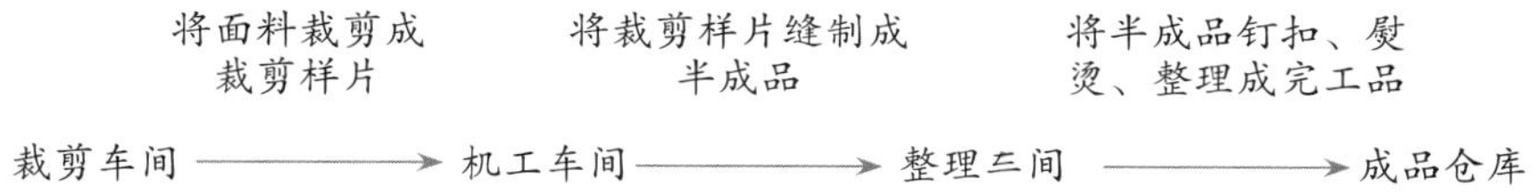

图 2–2　产品生产流程图

说明：上述生产流程是服装生产企业生产产品必须经过的最基本的流程。有些产品还要求防皱、防缩，需要在生产中进行砂洗或水洗处理。根据产品工艺要求，有的需要对面料进行砂洗（或水洗）后再进行裁剪；有的需要对半成品进行砂洗或水洗，然后再进行熨烫、整理等。在整个生产流程中，砂洗（或水洗）车间或出现在第一阶段，即：砂洗（或水洗）车间→裁剪车间→机工车间→整理车间→成品仓库；或出现在第三个阶段，即：裁剪车间→机工车间→砂洗（或水洗）车间→整理车间→成品仓库。

任务二　了解实训企业内部会计制度

（一）会计岗位设置及职责介绍

郑州惠丽制衣有限公司财务部共设置三个会计岗位。会计岗位设置及其职责见表 2–1。

表 2–1　会计岗位设置及其职责

职务	姓名	主要职责
财务主管	高山	负责公司的财务预算、计划，进行财务分析、评价，审签财务报告，组织制定本企业的各项财务会计制度，协调与公司上级和其他部门以及社会各有关部门的关系。 具体管理本公司的会计工作，指导具体业务、审核凭证、登记总账、编制财务报表和企业内部管理会计报表，保管相关印章，负责公司税企关系工作
出纳	陈旭	负责现金收付业务，登记库存现金日记账，保管库存现金，负责银行结算业务，登记银行存款日记账，保管各种有价证券、空白收据和空白支票及税费的缴纳
会计	魏民	分别负责存货、固定资产、收入、成本、费用、往来等会计核算，税费的申报

（二）内部主要会计制度规定介绍

（1）以人民币为记账本位币，记账文字为中文。

（2）会计核算采用科目汇总表核算形式。

（3）每月利润采用“表结账不结”方式进行结转。

（4）库存现金限额 5 000 元。

（5）每月编制银行存款余额调节表。

（6）坏账损失采用备抵法，按年末应收账款余额的 5‰ 计提。其他应收款项不计提坏账准备。

（7）主要原材料（面料）采用计划成本法，材料成本差异采用综合差异率法计算，计算的材料成本差异率保留四位小数。主要原材料的计划成本为：棉面料 15 元/米，化纤面料 8 元/米，丝绸面料 30 元/米；采购材料的运杂费直接计入采购成本，不能直接计入的，按照所采购材料的价值比例分配计入各自材料的采购成本。

（8）辅助原材料采用实际成本法。

（9）包装物、低值易耗品等周转材料的摊销采用一次摊销法。

（10）原材料、周转材料发出的总分类核算，于月末根据“领料单”编制“领料凭证汇总表”办理。

（11）库存商品采用实际成本法进行日常核算，发出库存商品采用先进先出法。若商品单价除不尽，结转销售商品成本时，按单价保留两位小数计算，尾数计入最后一批销售的成本中。

（12）单价超过 1 500 元的生产用资产，单价超过 2 000 元的管理用资产，且使用年限超过 2 年的资产列为固定资产。固定资产折旧采用年限平均法。折旧年限：房屋建筑物为 20 年，车间机器设备为 10 年，运输设备为 5 年，管理设备为 5 年。各类固定资产净残值率均为 4%。公司固定资产折旧年限符合税法规定。

（13）公司所在地具有活跃的房地产市场，房地产公允价值能够可靠计量，公司投资性房地产采用公允价值计量模式。

（14）长期股权投资采用成本法核算。

（15）工资实行月薪制，每月月底计算当月工资，次月 5 日发放上月工资。

（16）职工福利费不预提，按实际发生金额列支。

（17）工会经费按应付工资总额 2% 的比例计提。次月，工会经费的 60% 划拨给公司的工会专户，40% 划转给上级工会。

（18）职工教育经费按应付工资总额 2.5% 的比例计提。

（19）公司按有关规定计算缴纳社会保险费、住房公积金、医疗保险金。每人按工资基数 2 500 元作为计提基数，缴纳比例如下：

① 职工基本养老保险为 24%，其中，企业承担 16%，个人承担 8%；

② 失业保险为 1%，其中，企业承担 0.7%，个人承担 0.3%；

③ 工伤保险为 0.2%，全部由企业承担；

④ 职工基本医疗保险为 9%，其中，企业承担 7%，个人承担 2%；

⑤ 生育保险为 1%，全部由企业承担；

⑥ 住房公积金为 10%，其中，单位承担 5%，个人承担 5%。

公司计提时，设置“设定提存计划”“社会保险费”“住房公积金”三个明细科目。其中，基本养老保险、失业保险列入“设定提存计划”明细科目；医疗保险、生育保险、工伤保险列入“社会保险费”明细科目；住房公积金列入“住房公积金”明细科目。

提示：职工大额医疗互助保险（简称“大额医保”）是城镇职工基本医疗保险的补充保险，通常由用人单位统一办理参保。大额医保作为补充险，不是法律强制要求职工必须参加的，但部分地区将其纳入职工医疗保险体系，与医保费用合并征收，这种情况下具有一定的强制性，另外，大额医保各地征收标准不同。

（20）公司实行网上报税，与税务局和银行签订了扣款协议，每月例征期前（又称“征税期或征期”，一般为当月 15 日前）网上申报成功后，通过三方协议进行扣款，扣款结束通过电子税务局打印完税凭证，通过网银回单打印功能打印电子缴税付款凭证。

（21）每月计算应交的增值税（13%）、城市维护建设税（7%）、教育费附加（3%）、地方教育附加（2%），次月上缴。房产税、城镇土地使用税按季度提取，按季缴纳。

（22）企业所得税税率为 25%，并假设在未来可预见的期间，公司可享受小微企业所得税优惠政策（2024 年税收优惠政策为：小型微利企业年应纳税所得额不超过 300 万元的部分，减按 25% 计入应纳税所得额，按 20% 税率缴纳所得税）。企业所得税核算采用资产负债表债务法。企业所得税缴纳采用“按月预缴，按年汇算清缴”的方式，公司以前年度的企业所得税假设已进行汇算。

（23）年末按当年净利润的 10% 提取法定盈余公积，按当年净利润的 30% 向投资者分配。

（24）产品成本计算采用品种法，以产品品种为计算对象来归集生产费用。

（25）生产成本按“直接材料”“直接人工”“制造费用”分设项目。

（26）原材料、辅助材料及包装材料费用直接计入各产品成本；工资及福利费、燃料动力费、制造费用按生产工时比例在各产品之间进行分配。

（27）公司月末在产品和完工产品之间的成本分配采用约当产量法，原料在第一道工序开始时一次性投入，在产品完工程度分别按各工序测算完工率，各工序一律按平均完工率50% 计算。公司生产服装的工序及各工序的定额工时见表 2-2。

表 2-2　　生产服装的工序及各工序的定额工时

工序	剪裁	缝制	洗水	整烫	包装	合计
全棉衬衣	3分钟	7分钟	6分钟	3分钟	1分钟	20分钟
化纤裤子	2分钟	5.25分钟	—	2分钟	0.75分钟	10分钟
丝绸裙子	6分钟	12分钟	4分钟	1.5分钟	1.5分钟	25分钟

（28）成本计算分配率保留4位小数，分配金额保留2位小数。

项目三

手工会计实训资料

任务一　处理11月份经济业务资料

1 附件1-1/2

入账回单

招商银行 CHINA MERCHANTS BANK

交易日期：2024年11月01日　　业务类型：汇入汇款
业务编号：30R066H000000A064925　　客户编号：3712024007
收款账号：6243065287080910O1　　收款人：郑州惠丽制衣有限公司
收款开户行：招商银行郑州福元路支行
付款账号：6214853710603301
付款开户行：交通银行商都路支行　　付款人：李惠萍
交易金额（小写）：CNY6 000 000.00
交易金额（大写）：人民币陆佰万元整
交易摘要：投资款

招商银行股份有限公司
RC7K6963
电子回单专用单

经办：沈　万　　复核：陈晓　　授权：张一　　回单编号：3306000173206　　招商银行股份有限公司

1 附件1-2/2

入账回单

招商银行 CHINA MERCHANTS BANK

交易日期：2024年11月01日　　业务类型：汇入汇款
业务编号：45S123D643714Z328179　　客户编号：3712024007
收款账号：624306528708091001　　收款人：郑州惠丽制衣有限公司
收款开户行：招商银行郑州福元路支行
付款账号：6214956710673902
付款开户行：中国建设银行福塔支行　　付款人：张曼丽
交易金额（小写）：CNY4 000 000.00
交易金额（大写）：人民币肆佰万元整
交易摘要：投资款

招商银行股份有限公司
BQ6D1542
电子回单专用单

经办：黑　洁　　复核：陈宇　　授权：刘伟　　回单编号：6143747928375　　招商银行股份有限公司

1 附件2

招商银行
现金支票存根

30806132
91381902

附加信息

出票日期 2024年 11 月 02 日

收款人：郑州惠丽制衣有限公司

金　额：¥6 000.00
用　途：备用金

单位主管：　　　会计：

1 附件3

电子发票（增值税专用发票）

全国统一发票监制章 国家税务总局 河南省税务局

开票号码：24412000000061863109

开票日期：2024年11月05日

购买方信息		销售方信息	
名　称：	郑州惠丽制衣有限公司	名　称：	郑州永德办公家具有限公司
统一社会信用代码/纳税人识别号：	91410105317912513M	统一社会信用代码/纳税人识别号：	914101011175013912

项目名称	规格型号	单位	数量	单价	金额	税率/征收率	税额
*纸制品*账簿		本	10	5.00	50.00	13%	6.50
*纸制品*凭证		本	100	2.00	200.00	13%	26.00
*纸制品*打印纸		箱	5	70.00	350.00	13%	45.50
合　计					¥600.00		¥78.00
价税合计（大写）	⊗陆佰柒拾捌元整					（小写）	¥678.00
备注							

现金付讫

开票人：张强

1 附件4-1/2

电子发票（增值税专用发票）

全国统一发票监制章 国家税务总局 河南省税务局

开票号码：24412000000036957811

开票日期：2024年11月05日

购买方信息		销售方信息	
名　称：	郑州惠丽制衣有限公司	名　称：	招商银行股份有限公司郑州市支行
统一社会信用代码/纳税人识别号：	91410105317912513M	统一社会信用代码/纳税人识别号：	91410100750735241H

项目名称	规格型号	单位	数量	单价	金额	税率/征收率	税额
*纸制品*现金支票		本	1	20.00	20.00	6%	1.20
*纸制品*转账支票		本	2	30.00	60.00	6%	3.60
*纸制品*结算凭证		本	2	10.00	20.00	6%	1.20
合　计					¥100.00		¥6.00
价税合计（大写）	⊗壹佰零陆元整					（小写）	¥106.00
备注							

开票人：刘莉莉

1 附件4-2/2

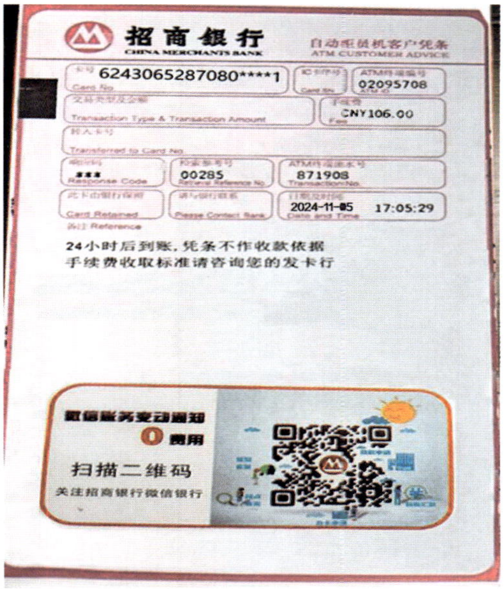
招商银行 CHINA MERCHANTS BANK

自动柜员机客户凭条 ATM CUSTOMER ADVICE

卡号 Card No. 6243065287080****1

ATM终端编号 ATM ID 02095708

手续费 Fee CNY106.00

Transaction Type & Transaction Amount

Transferred to Card No.

Response Code ***

Retrieval Reference No. 00285

Transaction No. 871908

Card Retained

Please Contact Bank

Date and Time 2024-11-05 17:05:29

Reference

24小时后到账，凭条不作收款依据

手续费收取标准请咨询您的发卡行

1 附件5-1/4

房屋租赁合同（简）

出租方（甲方）：郑州隆盛房屋租赁有限公司
承租方（乙方）：郑州惠丽制衣有限公司

根据《中华人民共和国民法典》及相关法律法规规定，甲、乙双方在平等、自愿的基础上，就房屋出租事宜，经协商一致，订立本合同。

1. 甲方保证所出租的房屋符合国家对租赁房屋的有关规定。
2. 甲方出租给乙方的房屋位于河南省郑州市康庄区发达路188号院内。
3. 出租厂房面积共4 000平方米，公寓单元房20套。
4. 该房屋租赁期共60个月。自2024年11月6日起至2029年11月6日止。
5. 乙方承诺，厂房仅作为服装生产使用，公寓单元房作为职工宿舍使用。
6. 厂房每月租金（不含税）为肆万元整。公寓单元房月租金（不含税）为叁万元整，月租金总额（不含税）为柒万元整。
7. 乙方每月6日前支付当月房屋租金，甲方收款后应提供给乙方有效的收款凭证。
8. ……

甲方：　　　　　　　　　　　　　　　　乙方：
签约代表：唐志贤　　　　　　　　　　　签约代表：李惠萍
日期：2024年11月06日　　　　　　　　日期：2024年11月06日

1 附件5-2/4

职工公寓房分配管理办法

公司租赁公寓单元房20套作为员工宿舍，每套月租金1 500元。其中，5套提供给企业中高层管理人员免费居住；15套作为生产工人的宿舍，每套每月收取住宿费300元，由住宿员工平均分摊。

郑州惠丽制衣有限公司
2024年11月06日

1 附件5-3/4

电子发票（增值税专用发票）

不动产经营租赁服务

开票号码：24412000000069874562
开票日期：2024年11月06日

购买方信息：名称：郑州惠丽制衣有限公司；统一社会信用代码/纳税人识别号：91410105317912513M

销售方信息：名称：郑州隆盛房屋租赁有限公司；统一社会信用代码/纳税人识别号：91410105147258369L

项目名称	产权证书/不动产权证号	面积单位	数量	单价	金额	税率/征收率	税额
*经营租赁*厂房房租		平方米	4 000	10.00	40 000.00	9%	3 600.00
*经营租赁*公寓房租		套	20	1 500.00	30 000.00	9%	2 700.00
合　计					¥70 000.00		¥6 300.00

价税合计（大写）：⊗柒万陆仟叁佰元整　　（小写）¥76 300.00

备注：不动产地址：康庄区发达路188号　　租赁期起止：2024年11月06日至2029年11月06日
跨地市标志：否

开票人：毛豆豆

附件5-4/4

出账回单

招商银行 CHINA MERCHANTS BANK

交易日期：2024年11月06日　　业务类型：对公转账提出贷记付款
业务编号：C039954006488JU　　客户编号：3712C24007
付款账号：6243065287080910011　　付款人：郑州惠丽制衣有限公司
付款开户行：招商银行郑州福元路支行
收款账号：4125896314735715965810　　收款人：郑州隆盛房屋租赁有限公司
收款开户行：中国建设银行发达路支行
交易金额（小写）：CNY76 300.00
交易金额（大写）：人民币柒万陆仟叁佰元整
交易摘要：11月份房屋租赁费
业务参考号：20241106032519

招商银行股份有限公司 6G536HGT 电子回单专用单

经办：白霜　　复核：魏敏　　授权：马腾　　回单编号：512GT2156D644　　招商银行股份有限公司

附件6-1/3

电子发票（增值税专用发票）

开票号码：24412000000017865432
开票日期：2024年11月06日

全国统一发票监制章 国家税务总局 河南省税务局

购买方信息	名称：郑州惠丽制衣有限公司 统一社会信用代码/纳税人识别号：91410105317912513M	销售方信息	名称：郑州永德办公家具有限公司 统一社会信用代码/纳税人识别号：91410101175113912

项目名称	规格型号	单位	数量	单价	金额	税率/征收率	税额
*家具*办公桌		张	50	500.00	25 000.00	13%	3 250.00
*家具*文件柜		组	10	2 000.00	20 000.00	13%	2 600.00
*金属制品*保险柜		个	2	1 500.00	3 000.00	13%	390.00
*家具*木方凳		个	100	40.00	4 000.00	13%	520.00
合　计					¥52 000.00		¥6 760.00
价税合计（大写）	⊗伍万捌仟柒佰陆拾元整					（小写）	¥58 760.00
备注							

开票人：吴强

附件6-2/3

电子发票（增值税专用发票）

开票号码：24412000000017865433
开票日期：2024年11月06日

全国统一发票监制章 国家税务总局 河南省税务局

购买方信息	名称：郑州惠丽制衣有限公司 统一社会信用代码/纳税人识别号：91410105317912513M	销售方信息	名称：郑州永德办公家具有限公司 统一社会信用代码/纳税人识别号：91410101175113912

项目名称	规格型号	单位	数量	单价	金额	税率/征收率	税额
*塑料制品*周转筐		个	200	100.00	20 000.00	13%	2 600.00
*电子计算机*电脑		台	20	3 000.00	60 000.00	13%	7 800.00
*复印胶版印制设备*复印机		台	1	7 800.00	7 800.00	13%	1 014.00
*计算机外部设备*打印机		台	10	3 500.00	35 000.00	13%	4 550.00
合　计					¥122 800.00		¥15 964.00
价税合计（大写）	⊗壹拾叁万捌仟柒佰陆拾肆元整					（小写）	¥138 764.00
备注							

开票人：吴强

附件6-3/3

出账回单

招商银行 CHINA MERCHANTS BANK

交易日期：2024年11月06日　　业务类型：对公转账提出贷记付款

业务编号：C0219GC000842QP　　客户编号：3712024007

付款账号：624306528708091001　　付款人：郑州惠丽制衣有限公司

付款开户行：招商银行郑州福元路支行

收款账号：6584181430148453　　收款人：郑州永德办公家具有限公司

收款开户行：中国建设银行发达路支行

交易金额（小写）：CNY197 524.00

交易金额（大写）：人民币壹拾玖万柒仟伍佰贰拾肆元整

交易摘要：货款

业务参考号：20241106074201

（印章：招商银行股份有限公司 KH8344PL 电子回单专用单）

经办：尚英杰　复核：王俊驰　授权：冯雨泽　回单编号：333SR2349F123　招商银行股份有限公司

附件7-1/2

电子发票（增值税专用发票）

（印章：全国统一发票监制章 国家税务总局 河南省税务局）

开票号码：24412000000042960403

开票日期：2024年11月07日

购买方信息	名称：郑州惠丽制衣有限公司 统一社会信用代码/纳税人识别号：91410105317912513M			销售方信息	名称：郑州锅炉制造厂 统一社会信用代码/纳税人识别号：91410106000900123L		
项目名称	规格型号	单位	数量	单价	金额	税率/征收率	税额
*锅炉及辅助设备*锅炉		套	1	80 000.00	80 000.00	13%	10 400.00
合计					¥80 000.00		¥10 400.00
价税合计（大写）	⊗玖万零肆佰元整						（小写）¥90 400.00
备注							

开票人：王宇

附件7-2/2

锅炉验收通知单

我公司从郑州锅炉制造厂购入锅炉一台，现已到货，经与供货商共同验证，确认到货件数与装箱单一致，包装较好，目前正在进行安装。锅炉整体验收，将于锅炉安装完毕后进行。锅炉货款和安装费于调试完毕可正常使用后，再予支付。

供应处：杨森

2024年11月07日

（印章：郑州惠丽制衣有限公司 91410105317912513M）

1 附件 8-1/2

出账回单　　招商银行 CHINA MERCHANTS BANK

交易日期：2024年11月08日　　业务类型：对公转账提出贷记付款
业务编号：C0246GC00094LZ　　客户编号：3712024007
付款账号：6243065287080910001　　付款人：郑州惠丽制衣有限公司
付款开户行：招商银行郑州福元路支行
收款账号：371908234910802　　收款人：郑州建业房地产有限公司
收款开户行：招商银行龙子湖支行
交易金额（小写）：CNY4 360 000.00
交易金额（大写）：人民币肆佰叁拾陆万元整
交易摘要：购房款
业务参考号：20241108387344

招商银行股份有限公司 9FEAARRR 电子回单专用单

经办：尚英杰　复核：王俊驰　授权：冯雨泽　回单编号：345HD2056F098　招商银行股份有限公司

1 附件 8-2/2

电子发票（增值税专用发票）　　开票号码：24412000000042960503
不动产销售　　开票日期：2024年11月07日

全国统一发票监制章 国家税务总局 河南省税务局

购买方信息	名称：郑州惠丽制衣有限公司 统一社会信用代码/纳税人识别号：91410105317912513M	销售方信息	名称：郑州建业房地产有限公司 统一社会信用代码/纳税人识别号：91410105777888999C

项目名称	产权证书/不动产权证号	面积单位	数量	单价	金额	税率/征收率	税额
*不动产*临街铺房		平方米	200	20 000.00	4 000 000.00	9%	360 000.00
合　计					¥4 000 000.00		¥360 000.00
价税合计（大写）	⊗肆佰叁拾陆万元整				（小写）¥4 360 000.00		
备注	不动产代码/网签合同备案编号：德化街-F1-商铺-688 土地增值税项目编号：略				不动产地址：郑州市德化街100号　跨地（市）标志：否 核定计税价格：4 000 000.00　实际成交含税金：4 360 000.00		

开票人：吴利

1 附件 9-1/2

出账回单　　招商银行 CHINA MERCHANTS BANK

交易日期：2024年11月08日　　业务类型：对公转账提出贷记付款
业务编号：C0256GC00095LBY　　客户编号：3712024007
付款账号：6243065287080910001　　付款人：郑州惠丽制衣有限公司
付款开户行：招商银行郑州福元路支行
收款账号：10013456468010　　收款人：郑州超凡装饰有限公司
收款开户行：浦发银行郑州分行
交易金额（小写）：CNY30 000.00
交易金额（大写）：人民币叁万元整
交易摘要：预付装修款
业务参考号：20241108135246

招商银行股份有限公司 FT792TEM 电子回单专用单

经办：李妙一　复核：赵今　授权：冯瑾语　回单编号：205LK0987A067　招商银行股份有限公司

1 附件 9-2/2

房屋装修合同（简化）

甲方：郑州惠丽制衣有限公司　　　　　　　　乙方：郑州超凡装饰有限公司

依照《中华人民共和国民法典》及相关法律、法规的规定，遵循平等、自愿、公平和诚信原则，双方经友好洽谈和协商，就房屋装修工程有关事宜，达成如下协议：

一、工程概况

1. 工程地点：郑州市德化街100号。

2. 承包方式：双方商定采取包料方式。

3. 工程期限及保修期：工程期限15天，自2024年11月10日起至2024年11月25止。保修期：24个月，自工程竣工经甲方验收合格，双方签字之日起计算，并由乙方开具工程保修单。

4. 本合同总价为：（大写）人民币壹拾壹万壹仟元整，（小写）¥111 000.00元，合同生效后，甲方向乙方支付工程款人民币叁万元整。

5. 工程验收合格后，乙方应向甲方提供工程结算单，并将有关资料送交甲方，甲方应在5日内审核完毕，如无异议视为同意，并在签字的同时结清工程余款。

二、双方应尽的责任及义务（略）

甲方签字：李惠萍　　　　　　　　乙方签字：高佳

（盖章）　　　　　　　　　　　　（盖章）

日　　期：2024年11月08日　　　　日　　期：2024年11月08日

---

1 附件 10-1/4

电子发票（增值税专用发票）

开票号码：24412000000096584311

开票日期：2024年11月08日

购买方信息	名　称：郑州惠丽制衣有限公司 统一社会信用代码/纳税人识别号：91410105317912513M	销售方信息	名　称：江苏省百福缝纫设备有限公司 统一社会信用代码/纳税人识别号：91303402765003199B

项目名称	规格型号	单位	数量	单价	金额	税率/征收率	税额
*服装加工机械*电剪机		台	2	8 000.00	16 000.00	13%	2 080.00
*服装加工机械*平缝机		台	80	1 600.00	128 000.00	13%	16 640.00
*服装加工机械*双针机		台	20	6 500.00	130 000.00	13%	16 900.00
*服装加工机械*烫台		台	20	2 200.00	44 000.00	13%	5 720.00
合　计					¥318 000.00		¥41 340.00
价税合计（大写）	⊗叁拾伍万玖仟叁佰肆拾元整					（小写）	¥359 340.00
备注							

开票人：吴旺财

---

1 附件 10-2/4

电子发票（增值税专用发票）

开票号码：24412000000096584312

开票日期：2024年11月08日

购买方信息	名　称：郑州惠丽制衣有限公司 统一社会信用代码/纳税人识别号：91410105317912513M	销售方信息	名　称：江苏省百福缝纫设备有限公司 统一社会信用代码/纳税人识别号：91303402765003199B

项目名称	规格型号	单位	数量	单价	金额	税率/征收率	税额
*服装加工机械*锁眼机		台	3	33 000.00	99 000.00	13%	12 870.00
*服装加工机械*钉扣机		台	3	5 800.00	17 400.00	13%	2 262.00
*服装加工机械*缝边机		台	2	3 000.00	6 000.00	13%	780.00
*服装加工机械*洗水设备		套	1	100 000.00	100 000.00	13%	13 000.00
合　计					¥222 400.00		¥28 912.00
价税合计（大写）	⊗贰拾伍万壹仟叁佰壹拾贰元整					（小写）	¥251 312.00
备注							

开票人：吴旺财

附件10-3/4

出账回单

招商银行 CHINA MERCHANTS BANK

交易日期：2024年11月08日
业务类型：对公转账提出贷记付款
业务编号：C0516GC00695MNY
客户编号：3712024007
付款账号：624306528708091001
付款人：郑州惠丽制衣有限公司
付款开户行：招商银行郑州福元路支行
收款账号：000987615624489
收款人：江苏省百福缝纫设备有限公司
收款开户行：中国建设银行苏州凤起支行
交易金额（小写）：CNY610 652.00
交易金额（大写）：人民币陆拾壹万零陆佰伍拾贰元整
交易摘要：设备款
业务参考号：20241108070441

招商银行股份有限公司 GH864EMT 电子回单专用单

经办：周岚青　复核：徐如华　授权：张淑馨　回单编号：600RD9076D543　招商银行股份有限公司

附件10-4/4

固定资产验收单

2024年11月08日

产名称	计量单位	数量	单价（元）	金额（元）	购置日期
电剪机	台	2	8 000.00	16 000.00	2024.11.08
平缝机	台	80	1 600.00	128 000.00	2024.11.08
双针机	台	20	6 500.00	130 000.00	2024.11.08
烫台	台	20	2 200.00	44 000.00	2024.11.08
锁眼机	台	3	33 000.00	99 000.00	2024.11.08
钉扣机	台	3	5 800.00	17 400.00	2024.11.08
缝边机	台	2	3 000.00	6 000.00	2024.11.08
洗水设备	套	1	100 000.00	100 000.00	2024.11.08
生产厂家	江苏省百福缝纫设备有限公司			安装使用地点	各生产车间
固定资产验收情况说明：以上设备已经全部安装调试完毕，均达到可使用状态。					
验收人员签字：高山　魏民　张耀元				负责人签字：王路华	

附件11

出账回单

招商银行 CHINA MERCHANTS BANK

交易日期：2024年11月09日
业务类型：对公转账提出贷记付款
业务编号：C0516GC007321NY
客户编号：3712024007
付款账号：624306528708091001
付款人：郑州惠丽制衣有限公司
付款开户行：招商银行郑州福元路支行
收款账号：10013572468000
收款人：浙江华阳纺织品有限公司
收款开户行：浦发银行杭州分行
交易金额（小写）：CNY50 000.00
交易金额（大写）：人民币伍万元整
交易摘要：预付面料款
业务参考号：20241109070464

招商银行股份有限公司 FD894EPE 电子回单专用单

经办：朱元阳　复核：王晶霖　授权：袁依阳　回单编号：055WA0578X258　招商银行股份有限公司

1 附件 12-1/4

电子发票（增值税专用发票）

开票号码：24412000000011100709
开票日期：2024年11月09日

全国统一发票监制章 国家税务总局 江苏省税务局

购买方信息	名　称：郑州惠丽制衣有限公司 统一社会信用代码/纳税人识别号：91410105317912513M	销售方信息	名　称：江苏万利达服饰辅料有限公司 统一社会信用代码/纳税人识别号：9130221332443554L1

项目名称	规格型号	单位	数量	单价	金额	税率/征收率	税额
*纺织产品*塔线		轴	5 000	10.00	50 000.00	13%	6 500.00
*纺织产品*皮筋		米	10 000	0.30	3 000.00	13%	390.00
*日用杂品*扣子		粒	400 000	0.50	200 000.00	13%	26 000.00
合　计					¥253 000.00		¥32 890.00
价税合计（大写）	⊗贰拾捌万伍仟捌佰玖拾元整					（小写）	¥285 890.00
备注							

开票人：杨萍

1 附件 12-2/4

电子发票（增值税专用发票）

开票号码：24412000000011100710
开票日期：2024年11月09日

全国统一发票监制章 国家税务总局 江苏省税务局

购买方信息	名　称：郑州惠丽制衣有限公司 统一社会信用代码/纳税人识别号：91410105317912513M	销售方信息	名　称：江苏万利达服饰辅料有限公司 统一社会信用代码/纳税人识别号：9130221332443554L1

项目名称	规格型号	单位	数量	单价	金额	税率/征收率	税额
*纺织产品*无纺布		米	3 000	8.00	24 000.00	13%	3 120.00
*纸制品*吊牌		个	100 000	0.20	20 000.00	13%	2 600.00
*日用杂品*拉锁		个	20 000	1.00	20 000.00	13%	2 600.00
合　计					¥64 000.00		¥8 320.00
价税合计（大写）	⊗柒万贰仟叁佰贰拾元整					（小写）	¥72 320.00
备注							

开票人：杨萍

1 附件 12-3/4

出账回单

招商银行 CHINA MERCHANTS BANK

交易日期：2024年11月09日
业务类型：对公转账提出贷记付款
业务编号：C0752GC009842NQ
客户编号：3712024007
付款账号：624306528708091001
付款人：郑州惠丽制衣有限公司
付款开户行：招商银行郑州福元路支行
收款账号：738402394059454985
收款人：江苏万利达服饰辅料有限公司
收款开户行：中信银行苏州建设路支行
交易金额（小写）：CNY100 000.00
交易金额（大写）：人民币壹拾万元整
交易摘要：支付部分货款，余款三个月后支付
业务参考号：20241109738907

招商银行股份有限公司 FD894EPQ 电子回单专用单

经办：朱元阳　复核：王晶霖　授权：袁依阳　回单编号：333SS6789J555　招商银行股份有限公司

附件12-4/4

材料入库单

供应单位：江苏万利达服饰辅料有限公司　　　　编号：0300

发票号码：11100709 /11100710*　　2024年11月09日　　材料类别：辅料

名称	规格	计量单位	数量		实际成本				计划成本	
			应收	实收	买价		运费	合计	单价	金额
					单价	金额				
塔线		轴	5 000	5 000	10.00	50 000.00		50 000.00		
皮筋		米	10 000	10 000	0.30	3 000.00		3 000.00		
扣子		粒	400 000	400 000	0.50	200 000.00		200 000.00		
无纺布		米	3 000	3 000	8.00	24 000.00		24 000.00		
吊牌		个	100 000	100 000	0.20	20 000.00		20 000.00		
拉锁		个	20 000	20 000	1.00	20 000.00		20 000.00		
合计						317 000.00		317 000.00		

②财务记账

收料人：王小遥　　供应部门负责人：杨森　　经手人：刘亮

*为提高工作效率，此处的发票号码仅保留其后8位，下同。

附件13-1/4

电子发票（增值税专用发票）

开票号码：24412000000020961327

开票日期：2024年11月12日

购买方信息	名称：郑州惠丽制衣有限公司 统一社会信用代码/纳税人识别号：91410105317912513M	销售方信息	名称：浙江华阳纺织品有限公司 统一社会信用代码/纳税人识别号：913321010145678903

项目名称	规格型号	单位	数量	单价	金额	税率/征收率	税额
*纺织产品*化纤布		米	10 000	9.50	95 000.00	13%	12 350.00
*纺织产品*全棉布		米	20 000	17.90	358 000.00	13%	46 540.00
合　计					¥453 000.00		¥58 890.00
价税合计（大写）	⊗伍拾壹万壹仟捌佰玖拾元整					（小写）	¥511 890.00
备注							

开票人：冯枫桥

附件13-2/4

材料入库单

供应单位：浙江华阳纺织品有限公司　　　　编号：0301

发票号码：20961327　　2024年11月12日　　材料类别：面料

名称	规格	计量单位	数量		实际成本				计划成本	
			应收	实收	买价		运费	合计	单价	金额
					单价	金额				
化纤布	米		10 000	10 000	9.50	95 000.00	1 000.00	96 000.00	8.00	80 000.00
全棉布	米		20 000	20 000	17.90	358 000.00	2 000.00	360 000.00	15.00	300 000.00
合计						453 000.00	3 000.00	456 000.00		380 000.00

②财务记账

收料人：王小遥　　供应部门负责人：杨森　　经手人：刘亮

附件13-3/4

电子发票（增值税专用发票）

货物运输服务

开票号码：24412000000053698741
开票日期：2024年11月12日

购买方信息　名　　称：郑州惠丽制衣有限公司 统一社会信用代码/纳税人识别号：91410105317912513M	销售方信息　名　　称：浙江华阳纺织品有限公司 统一社会信用代码/纳税人识别号：913321010145678903

项目名称	规格型号	单位	数量	单价	金额	税率/征收率	税额
*运输服务*化纤布运费		项	1	1 000.00	1 000.00	9%	90.00
*运输服务*全棉布运费		项	1	2 000.00	2 000.00	9%	180.00
合　计					¥3 000.00		¥270.00

运输工具种类	运输工具牌号	起运地	到达地	运输货物名称
公路运输	浙A70832	杭州	郑州	化纤布、全棉布

价税合计（大写）	⊗叁仟贰佰柒拾元整	（小写）¥3 270.00
备注		

收款人：冯枫桥

附件13-4/4

出账回单

招商银行 CHINA MERCHANTS BANK

交易日期：2024年11月12日
业务类型：对公转账提出贷记付款
业务编号：C0731GC006573NP
客户编号：3712024007
付款账号：624306528708091001
付款人：郑州惠丽制衣有限公司
付款开户行：招商银行郑州福元路支行
收款账号：10013572468000
收款人：浙江华阳纺织品有限公司
收款开户行：浦发银行杭州分行
交易金额（小写）：CNY465 160.00
交易金额（大写）：人民币肆拾陆万伍仟壹佰陆拾元整
交易摘要：补付面料尾款业务
业务参考号：20241112074201

经办：潘晓娟　复核：车路　授权：何云霞　回单编号：111LK5794N220　招商银行股份有限公司

附件14-1/8

机动车销售统一发票

发票联

开票日期：2024年11月13日
发票代码：141001120076
发票号码：00098862

机打代码	141001120076	税控码	03907/747<--*0>4++15+25>25585/7>30/7301768-934572--591<-4959>1+1238-2980>9-<7<02>-660/3*+08<9/8+7740-0+23><637+0019>5				
机打号码	00098862						
机器编码	499098535526						
购买方名称	郑州惠丽制衣有限公司	身份证号码/组织机构代码	91410105317912513M				
车辆类型	货车	厂牌型号	DF943787324	产地	常州市		
合格证号	WCWAF0207775	进口证明书号	无	商检单号	无		
发动机号	99886542	车辆识别代码/车架号	OP567HYT0029876				
价税合计	⊗贰拾万零玖仟零伍拾元整	¥209 050.00					
销货单位名称	河南裕华汽车销售有限公司	电话	0371-87427207				
纳税人识别号	91410105745778335X	账号	4110607000				
地址	郑州市北环66号	开户行	交通银行金水路支行				
增值税税率	13%	增值税额	24 050.00	主管税务机关及代码	郑州市金水区税务局 14101897300		
不含税价	¥185 000.00	吨位		限乘人数	5		

第一联　发票联　购货单位付款凭证（手写无效）

单位盖章：　　开票人：史志强

1 附件14-2/8

机动车销售统一发票

发票联

开票日期：2024年11月13日

发票代码：141001120076
发票号码：00098860

机打代码	141001120076	税控码	039<07/747<——*0>4++*15+25>25585/7>30/7301768–934572––591<–*4*959>1+1238–2980>9–<7<02>–660/3*+08<9/8+7740–0+23><637			
机打号码	00098860					
机器编码	499098535526					
购买方名称	郑州惠丽制衣有限公司		身份证号码/ 组织机构代码		91410105317912513M	
车辆类型	小轿车	厂牌型号	RWYU876543		产地	常州市
合格证号	QQD09UYY765	进口证明书号	无		商检单号	无
发动机号	098765432		车辆识别代码/车架号		OPIUYT4TYG89764000	
价税合计	⊗壹拾壹万叁仟元整		¥113 000.00			
销货单位名称	河南裕华汽车销售有限公司			电话	0371–87427207	
纳税人识别号	91410105745778335X			账号	4110607000	
地址	郑州市北环66号			开户行	交通银行金水路支行	
增值税税率	13%	增值税额	13 000.00	主管税务机关及代码	郑州市金水区税务局 14101897300	
不含税价	¥100 000.00	吨位			限乘人数	5

单位盖章：　　　　开票人：史志强

第一联 发票联 购货单位付款凭证（手写无效）

1 附件14-3/8

机动车销售统一发票

发票联

开票日期：2024年11月13日

发票代码：141001120076
发票号码：00098861

机打代码	141001120076	税控码	039/7>30/7301768–934572––591<–*4*959>1+1238–2980>9–<7<02>–660/3–+08<9/8+7740–0+23><637+0019>57–9501+>9/4+24*0971<5			
机打号码	00098861					
机器编码	499098535526					
购买方名称	郑州惠丽制衣有限公司		身份证号码/ 组织机构代码		91410105317912513M	
车辆类型	小轿车	厂牌型号	RWYU876544		产地	常州市
合格证号	QQD0AFBY765	进口证明书号	无		商检单号	无
发动机号	098765442		车辆识别代码/车架号		OPIUYT4TYG80976290	
价税合计	⊗壹拾壹万叁仟元整		¥113 000.00			
销货单位名称	河南裕华汽车销售有限公司			电话	0371–87427207	
纳税人识别号	91410105745778335X			账号	4110607000	
地址	郑州市北环66号			开户行	交通银行金水路支行	
增值税税率	13%	增值税额	13 000.00	主管税务机关及代码	郑州市金水区税务局 14101897300	
不含税价	¥100 000.00	吨位			限乘人数	5

单位盖章：　　　　开票人：史志强

第一联 发票联 购货单位付款凭证（手写无效）

1 附件14-4/8

中华人民共和国税收完税证明

填发日期：2024年11月13日　　税务机关：国家税务总局郑州市康庄区税务局

纳税人识别号	91410105317912513M		纳税人名称	郑州惠丽制衣有限公司	
原凭证号	税种	税目名称	税款所属日期	入（退）库日期	实缴（退）金额
341096240400000696	车辆购置税	车辆购置税	2024年11月13日至2024年11月13日		18 500.00
合计金额	（大写）人民币壹万捌仟伍佰元整				¥18 500.00
税务机关（盖章）	填表人 电子税务局	备注：发票价格：209 050.00 车辆厂牌：沃尔沃 厂牌型号：DF943787324 车辆识别代码：OP567HYT0029876			

第二联 收据 交纳税人作完税凭证

1 附件14-5/8

中华人民共和国税收完税证明

填发日期：2024年11月13日　　　　税务机关：国家税务总局郑州市康庄区税务局

纳税人识别号	91410105317912513M		纳税人名称	郑州惠丽制衣有限公司	
原凭证号	税种	税目名称	税款所属日期	入（退）库日期	实缴（退）金额
341096240400000697	车辆购置税	车辆购置税	2024年11月13日至2024年11月13日		10 000.00
合计金额	（大写）人民币壹万元整				¥10 000.00
税务机关（盖章）	填表人 电子税务局	备注：发票价格：113 000.00　车辆厂牌：桑塔纳 厂牌型号：RWYU876543　车辆识别代码：OPIUYT4TYG89764000			

第二联 收据 交纳税人作完税凭证

1 附件14-6/8

中华人民共和国税收完税证明

填发日期：2024年11月13日　　　　税务机关：国家税务总局郑州市康庄区税务局

纳税人识别号	91410105317912513M		纳税人名称	郑州惠丽制衣有限公司	
原凭证号	税种	税目名称	税款所属日期	入（退）库日期	实缴（退）金额
341096240400000698	车辆购置税	车辆购置税	2024年11月13日至2024年11月13日		10 000.00
合计金额	（大写）人民币壹万元整				¥10 000.00
税务机关（盖章）	填表人 电子税务局	备注：发票价格：113 000.00　车辆厂牌：桑塔纳 厂牌型号：RWYU876544　车辆识别代码：OPIUYT4TYG80976290			

第二联 收据 交纳税人作完税凭证

1 附件14-7/8

招商银行电子缴税付款凭证

招商银行 CHINA MERCHANTS BANK

日期：2024年11月13日　　　　税票号码：44102422100010810

纳税人全称及识别号：郑州惠丽制衣有限公司 91410105317912513M

付款人全称：郑州惠丽制衣有限公司

付款人账号：6243065287080910001　　　　缴款书交易流水：C0166FG000QB6AZ

付款人开户银行：招商银行郑州福元路支行

征收机关名称：国家税务总局郑州市康庄区税务局

收款国库（银行）名称：国家金库郑州市康庄区支库

小写（合计）金额：CNY38 500.00

大写（合计）金额：人民币叁万捌仟伍佰元整

税（费）种名称	所属时期	实缴金额
车辆购置税	2024年11月13日至2024年11月13日	38 500.00

回单编号：111LK5794N22　　打印日期：2024/11/13　　渠道：税局

附件14-8/8

出账回单

招商银行 CHINA MERCHANTS BANK

交易日期：2024年11月13日　　业务类型：对公转账提出贷记付款
业务编号：CO254HU006573ER　　客户编号：3712024007
付款账号：624306528708091001　　付款人：郑州惠丽制衣有限公司
付款开户行：招商银行郑州福元路支行
收款账号：4110607000　　收款人：河南裕华汽车销售有限公司
收款开户行：交通银行金水路支行
交易金额（小写）：CNY435 050.00
交易金额（大写）：人民币肆拾叁万伍仟零伍拾元整
交易摘要：购车款
业务参考号：20241113062254

招商银行股份有限公司 PJU594415 电子回单专用单

经办：郑伊雯　　复核：雷进宝　　授权：吴美隆　　回单编号：452Y0001HGR31　　招商银行股份有限公司

附件15

电子发票（增值税专用发票）

全国统一发票监制章 国家税务总局 河南省税务局

成品油

开票号码：24412000000444550005
开票日期：2024年11月14日

购买方信息	名称：郑州惠丽制衣有限公司 统一社会信用代码/纳税人识别号：91410105317912513M	销售方信息	名称：中国石油化工股份有限公司河南郑州石油分公司 统一社会信用代码/纳税人识别号：91410102999778665Y

项目名称	规格型号	单位	数量	单价	金额	税率/征收率	税额
*乙醇汽油*92#汽油		升	300	6.30	1 890.00	13%	245.70
合　计					¥1 890.00		¥245.70
价税合计（大写）	⊗贰仟壹佰叁拾伍元柒角整					（小写）¥2 135.70	
备注							

现金付讫

开票人：朱水万

附件16-1/3

锅炉安装调试完工通知单

我公司购入的锅炉已经安装完毕，经检验测试，已经能正常使用，按合同规定，达到可使用状态后，支付货款和安装费。

同意　　王路华

郑州惠丽制衣有限公司 91410105317912513M

供应处：杨森
2024年11月15日

1 附件16-2/3

电子发票（增值税专用发票）

开票号码：24412000000042960176
开票日期：2024年11月14日

购买方信息		销售方信息	
名称：	郑州惠丽制衣有限公司	名称：	郑州锅炉制造厂
统一社会信用代码/纳税人识别号：	91410105317912513M	统一社会信用代码/纳税人识别号：	91410106000900123L

项目名称	规格型号	单位	数量	单价	金额	税率/征收率	税额
*劳务费*锅炉安装调试费					8 000.00	13%	1 040.00
合　计					¥8 000.00		¥1 040.00
价税合计（大写）	⊗玖仟零肆拾元整					（小写）	¥9 040.00
备注							

开票人：王宇

国家税务总局 河南省税务局

1 附件16-3/3

出账回单

招商银行 CHINA MERCHANTS BANK

交易日期：2024年11月15日　　业务类型：对公转账提出贷记付款
业务编号：00731GC006527LJ　　客户编号：3712024007
付款账号：624306528708091001　　付款人：郑州惠丽制衣有限公司
付款开户行：招商银行郑州福元路支行
收款账号：42176120049001　　收款人：郑州锅炉制造厂
收款开户行：招商银行梧桐路支行
交易金额（小写）：CNY99 440.00
交易金额（大写）：人民币玖万玖仟肆佰肆拾元整
交易摘要：锅炉款及安装费
业务参考号：20241115094259

招商银行股份有限公司 LK864EJP 电子回单专用单

经办：李中冰　复核：黄文隆　授权：谢彦文　回单编号：512GT2156D645　招商银行股份有限公司

1 附件17-1/2

电子发票（增值税专用发票）

开票号码：24412000000079589019
开票日期：2024年11月15日

购买方信息		销售方信息	
名称：	郑州惠丽制衣有限公司	名称：	郑州瓦楞纸箱厂
统一社会信用代码/纳税人识别号：	91410105317912513M	统一社会信用代码/纳税人识别号：	91410103333555789X

项目名称	规格型号	单位	数量	单价	金额	税率/征收率	税额
*纸制品*包装箱		个	1 000	10.00	10 000.00	13%	1 300.00
*塑料制品*包装带		卷	3 000	2.00	6 000.00	13%	780.00
合　计					¥16 000.00		¥2 080.00
价税合计（大写）	⊗壹万捌仟零捌拾元整					（小写）	¥18 080.00
备注							

开票人：黄朗朗

国家税务总局 河南省税务局

1 附件17-2/2

材料入库单

供应单位：郑州瓦楞纸箱厂　　　　编号：0302

发票号码：79589019　　　　2024年11月15日　　　　材料类别：包装物

名称	计量单位	数量		实际成本				计划成本	
		应收	实收	买价		运费	合计	单价	金额
				单价	金额				
包装箱	个	1 000	1 000	10.00	10 000.00		10 000.00		
包装带	卷	3 000	3 000	2.00	6 000.00		6 000.00		
合计					16 000.00		16 000.00		

②财务记账

收料人：王小遥　　　　供应部门负责人：杨森　　　　经手人：刘亮

1 附件18

招商银行
现金支票存根

30806132
91381903

附加信息

出票日期 2024年11 月16 日

收款人：**郑州惠丽制衣有限公司**

金　额：¥5 000.00

用　途：**备用金**

单位主管：　　　　会计：

1 附件19

出账回单

招商银行 CHINA MERCHANTS BANK

交易日期：2024年11月16日

业务类型：对公转账提出贷记付款

业务编号：C0657TG0065957P

客户编号：3712C24007

付款账号：624306528708091001

付款人：郑州惠丽制衣有限公司

付款开户行：招商银行郑州福元路支行

收款账号：987667897070123456

收款人：北京九彩纺织品有限公司

收款开户行：中国工商银行北京海淀分行

交易金额（小写）：CNY450 000.00

交易金额（大写）：人民币肆拾伍万元整

交易摘要：预付面料货款

业务参考号：20241116113611

招商银行股份有限公司 KL311EHY 电子回单专用单

经办：鹏涛　　复核：叶红艳　　授权：张天荣　　回单编号：405MP0000B735　　招商银行股份有限公司

附件20

借　据

部门：销售部　　　2024年11月16日　　　№ 0008

<table>
<tr><td colspan="8">今　借　到
人民币（大写）叁仟元整　此据
（小写）¥3 000.00
现金付讫</td></tr>
<tr><td colspan="2">借款用途说明</td><td colspan="6">北京出差</td></tr>
<tr><td>经理意见</td><td>王路华</td><td>财务经理意见</td><td>高山</td><td>部门经理意见</td><td></td><td>借款人签章</td><td>张桂平</td></tr>
</table>

附件21

出账回单　　招商银行 CHINA MERCHANTS BANK

交易日期：2024年11月19日　　业务类型：对公转账提出贷记付款
业务编号：C0691GC0065895J　　客户编号：3712024007
付款账号：624306528708091001　　付款人：郑州惠丽制衣有限公司
付款开户行：招商银行郑州福元路支行
收款账号：74695498215009486　　收款人：郑州惠丽制衣有限公司
收款开户行：中国建设银行华亿支行
交易金额（小写）：CNY200 000.00
交易金额（大写）：人民币贰拾万元整
交易摘要：转票专户
业务参考号：20241119104223

招商银行股份有限公司 MN311EHG 电子回单专用单

经办：郭志泽　　复核：杨弘文　　授权：李明杰　　回单编号：901TT6438Z111　　招商银行股份有限公司

附件22

河南证券银河营业部交割单

客户编号：232646　　姓名：郑州惠丽制衣有限公司　　日期：2024.11.19　　打印柜员：013

币种	资金金额	可用金额	可取现金	资产市值
人民币	200 000.00	108 636.00	108 636.00	

流水明细

日期	业务标志	证券名称	证券代码	发生数量	成交均价	佣金	收付金额	资金余额
2024.11.19	股票买入	美的电器	000527	10 000	9.10	364.00	91 364.00	108 636.00
合计				10 000	9.10	364.00	91 364.00	108 636.00

1 附件23-1/2

电子发票（增值税专用发票）

开票号码：24412000000711800969
开票日期：2024年11月20日

国家税务总局
河南省税务局

购买方信息		销售方信息	
名称：	上海风尚服装有限公司	名称：	郑州惠丽制衣有限公司
统一社会信用代码/纳税人识别号：	91310101844695484Z	统一社会信用代码/纳税人识别号：	91410105317912513M

项目名称	规格型号	单位	数量	单价	金额	税率/征收率	税额
*服饰*化纤裤子		条	5 000	50.00	250 000.00	13%	32 500.00
合　计					¥250 000.00		¥32 500.00
价税合计（大写）	⊗贰拾捌万贰仟伍佰元整					（小写）	¥282 500.00
备注							

开票人：薛丽娜

1 附件23-2/2

入账回单

招商银行 CHINA MERCHANTS BANK

交易日期：2024年11月20日
业务类型：对公转账提出贷记付款
业务编号：KK857800410655C
客户编号：3712024007
付款账号：6243065287O8091001
付款人：郑州惠丽制衣有限公司
付款开户行：招商银行郑州福元路支行
收款账号：83741010189548475646
收款人：上海风尚服装有限公司
收款开户行：浦发银行上海分行
交易金额（小写）：CNY250 000.00
交易金额（大写）：人民币贰拾伍万元整
交易摘要：货款
业务参考号：202411207545609

招商银行股份有限公司
KMT766TE
电子回单专用单

经办：田宇旺　　复核：孔良超　　授权：许娇翔　　回单编号：512GT2156D646　　招商银行股份有限公司

1 附件24-1/3

电子发票（增值税专用发票）

开票号码：24412000000008486276
开票日期：2024年11月20日

国家税务总局
河南省税务局

购买方信息		销售方信息	
名称：	郑州惠丽制衣有限公司	名称：	郑州久安劳保用品有限公司
统一社会信用代码/纳税人识别号：	91410105317912513M	统一社会信用代码/纳税人识别号：	91410106381778375P

项目名称	规格型号	单位	数量	单价	金额	税率/征收率	税额
*服饰*工作服		套	55	50.0C	2 750.00	13%	357.50
合　计					¥2 750.00		¥357.50
价税合计（大写）	⊗叁仟壹佰零柒元伍角整					（小写）	¥3 107.50
备注							

开票人：蓝小盾

1 附件24-2/3

出账回单

招商银行 CHINA MERCHANTS BANK

交易日期：2024年11月20日　　业务类型：对公转账提出贷记付款
业务编号：TY0978395447BG　　客户编号：3712024007
付款账号：624306528708091001　　付款人：郑州惠丽制衣有限公司
付款开户行：招商银行郑州福元路支行
收款账号：5485285046098968480　　收款人：郑州久安劳保用品有限公司
收款开户行：中国工商银行瑞达路支行
交易金额（小写）：CNY3 107.50
交易金额（大写）：人民币叁仟壹佰零柒元伍角整
交易摘要：货款
业务参考号：202411208587

（印章：招商银行股份有限公司 ZWJ498TEB 电子回单专用单）

经办：丁聪华　复核：曾帛员　授权：回单编号　回单编号：512GT2156D647　招商银行股份有限公司

1 附件24-3/3

材料入库单

供应单位：郑州久安劳保用品有限公司　　编号：0303
发票号码：08486276　　2024年11月20日　　材料类别：周转材料

名称	计量单位	数量		实际成本				计划成本	
		应收	实收	买价		运费	合计	单价	金额
				单价	金额				
工作服	套	55	55	50.00	2 750.00		2 750.00		
合计					2 750.00		2 750.00		

②财务记账

收料人：王小遥　　供应部门负责人：杨森　　经手人：刘亮

1 附件25-1/2

电子发票（增值税专用发票）

开票号码：24412000000052644564
开票日期：2024年11月22日

（印章：全国统一发票监制章 国家税务总局 北京市税务局）

购买方信息	名称：郑州惠丽制衣有限公司 统一社会信用代码/纳税人识别号：91410105317912513M	销售方信息	名称：北京九彩纺织品有限公司 统一社会信用代码/纳税人识别号：91100112315846683P

项目名称	规格型号	单位	数量	单价	金额	税率/征收率	税额
*纺织产品*丝绸		米	10 000	36.00	360 000.00	13%	46 800.00
合　计					¥360 000.00		¥46 800.00
价税合计（大写）	⊗肆拾万零陆仟捌佰元整					（小写）	¥406 800.00
备注							

开票人：冯骏图

1 附件25-2/2

材料入库单

供应单位：北京九彩纺织品有限公司　　编号：0304

发票号码：52644564　　2024年11月22日　　材料类别：面料

名称	计量单位	数量		实际成本				计划成本	
		应收	实收	买价		运费	合计	单价	金额
				单价	金额				
丝绸	米	10 000	10 000	36.00	360 000.00		360 000.00	30.00	300 000.00
合计		10 000	10 000	36.00	360 000.00		360 000.00	30.00	300 000.00

②财务记账

收料人：王小遥　　供应部门负责人：杨森　　经手人：刘亮

1 附件26-1/2

电子发票（增值税专用发票）

建筑服务　　开票号码：24412000000042960113

开票日期：2024年11月23日

国家税务总局河南省税务局

购买方信息	销售方信息
名称：郑州惠丽制衣有限公司	名称：郑州超凡装饰有限公司
统一社会信用代码/纳税人识别号：91410105317912513M	统一社会信用代码/纳税人识别号：91410105159357258F

项目名称	建筑服务发生地	建筑项目名称	金额	税率/征收率	税额
*建筑服务*装修费	河南省郑州市	康庄大道168号	100 000.00	9%	9 000.00
合计			¥100 000.00		¥9 000.00
价税合计（大写）	⊗壹拾万零玖仟元整				（小写）¥109 000.00

备注：土地增值税项目编号：—
跨地（市）标志：否

开票人：邢兵

1 附件26-2/2

出账回单

招商银行 CHINA MERCHANTS BANK

交易日期：2024年11月23日　　业务类型：对公转账提出贷记付款

业务编号：C0691GC0064325JF　　客户编号：3712024007

付款账号：6243065287080910001　　付款人：郑州惠丽制衣有限公司

付款开户行：招商银行郑州福元路支行

收款账号：10013456468010　　收款人：郑州超凡装饰有限公司

收款开户行：浦发银行郑州分行

交易金额（小写）：CNY79 000.00

交易金额（大写）：人民币柒万玖仟元整

交易摘要：装修费

业务参考号：20241123103512

招商银行股份有限公司 SHG21TGR 电子回单专用单

经办：孙夜蓉　　复核：孙碧彤　　授权：孙如萱　　回单编号：224PP5687NM　　招商银行股份有限公司

附件27

入账回单　　招商银行 CHINA MERCHANTS BANK

交易日期：2024年11月01日　　业务类型：汇入汇款
业务编号：30R066H000000A066855　　客户编号：3712024007
收款账号：624306528708091001　　收款人：郑州惠丽制衣有限公司
收款开户行：招商银行郑州福元路支行
付款账号：987667897070123456　　付款人：北京九彩纺织品有限公司
付款开户行：中国工商银行北京海淀分行
交易金额（小写）：CNY43 200.00
交易金额（大写）：人民币肆万叁仟贰佰元整
交易摘要：退回多余款

（印章：招商银行股份有限公司 BQ6D1542 电子回单专用单）

经办：王冰玉　复核：陆逸青　授权：肖艺澜　回单编号：3306000173207　招商银行股份有限公司

附件28

差旅费报销单

部门：销售部　　2024年11月27日

姓名	张桂平	出差事由	采购面料	出差时间	自2024年11月17日 至2024年11月20日	共4天

月	日	起	月	日	至	车船费 类别	车船费 金额	住宿费	伙食补助 标准	伙食补助 金额	其他 内容摘要	其他 金额
11	17	郑州	11	17	北京	火车	315	1 200	200	800	出租车	200
11	20	北京	11	20	郑州	火车	315				资料费	270
小计							630	1 200		800		470

总计金额（大写）：人民币叁仟壹佰元整　　预支 3 000 元　实报 3 100 元　退款 ____ 元或补付 100 元

（印章：现金付讫）

财务主管：高山　部门负责人：　审核：陈旭　填报人：张桂平

附件29-1/2

电子发票（普通发票）

（印章：全国统一发票监制章 国家税务总局 河南省税务局）

开票号码：24412000000042960122
开票日期：2024年11月28日

购买方信息		销售方信息	
名称：郑州惠丽制衣有限公司		名称：中国网通（集团）有限公司河南省分公司	
统一社会信用代码/纳税人识别号：91410105317912513M		统一社会信用代码/纳税人识别号：91410102769464138T	

项目名称	规格型号	单位	数量	单价	金额	税率/征收率	税额
*电信服务*11月电话费					1 378.55	***	***
合计					¥1 378.55		***
价税合计（大写）	⊗壹仟叁佰柒拾捌元伍角伍分					（小写）¥1 378.55	
备注							

开票人：武那

附件29-2/2

出账回单

招商银行 CHINA MERCHANTS BANK

交易日期：2024年11月28日　　业务类型：对公转账提出贷记付款
业务编号：C0691GC006532GF　　客户编号：3712024007
付款账号：624306528708091001　　付款人：郑州惠丽制衣有限公司
付款开户行：招商银行郑州福元路支行
收款账号：560131469338559　　收款人：中国网通（集团）有限公司河南省分公司
收款开户行：浦发银行郑州分行
交易金额（小写）：CNY1 378.55
交易金额（大写）：人民币壹仟叁佰柒拾捌元伍角伍分
交易摘要：11月电话费
业务参考号：20241128101232

招商银行股份有限公司 OU815DGC 电子回单专用单

经办：李妙一　复核：赵今　授权：冯瑾语　回单编号：349N000134951　招商银行股份有限公司

附件30-1/2

电子发票（增值税专用发票）

开票号码：24412000000711800970
开票日期：2024年11月28日

购买方信息	名称：苏州婷美服装有限公司 统一社会信用代码/纳税人识别号：91320501269874365M			销售方信息	名称：郑州惠丽制衣有限公司 统一社会信用代码/纳税人识别号：91410105317912513M		
项目名称	规格型号	单位	数量	单价	金额	税率/征收率	税额
*服饰*全棉衬衣		件	5 000	80.00	480 000.00	13%	62 400.00
合　计					¥480 000.00		¥62 400.00
价税合计（大写）	⊗伍拾肆万贰仟肆佰元整					（小写）	¥542 400.00
备注							

开票人：薛丽娜

附件30-2/2

电子银行承兑汇票

电子商业汇票系统 Electronic Commercial Draft System

出票日期：2024-11-28　　票据状态：背书已签收
汇票到期日：2025-02-28　　票据号码：13022411286687

出票人	全称	苏州婷美服装有限公司	收票人	全称	郑州惠丽制衣有限公司	
出票人	账号	495704850928540442	收票人	账号	624306528708091001	
出票人	开户银行	中国银行苏州分行	收票人	开户银行	招商银行郑州福元路支行	
出票保证信息						
出票金额	人民币（大写）	伍拾肆万贰仟肆佰元整	亿 千 百 十 万 千 百 十 元 角 分	¥ 5 4 2 4 0 0 0 0		
承兑人信息	全称	中国银行苏州分行	开户行行号	402885600012		
承兑人信息	账号	0775	开户行名称	中国银行		
交易合同号	32		承兑信息	出票人承诺：本汇票请予以承兑，到期无条件付款		
能否转让	可转让		承兑信息	承兑人承兑：本汇票已经承兑，到期无条件付款 承兑日期：2024-11-28		
承兑保证信息						
评级信息（由出票人、承兑人自己记载）	出票人		评级主体：	信用等级：	评级到期日：	
评级信息（由出票人、承兑人自己记载）	承兑人		评级主体：	信用等级：	评级到期日：	

附件 31-1/2

出账回单

招商银行 CHINA MERCHANTS BANK

交易日期：2024 年 11 月 28 日
业务类型：对公转账提出贷记付款
业务编号：C0357GC001597MN
客户编号：3712024007
付款账号：624306528708091001
付款人：郑州惠丽制衣有限公司
付款开户行：招商银行郑州福元路支行
收款账号：4487646464566
收款人：开封大华服装有限公司
收款开户行：中国农业银行开封鼓楼支行
交易金额（小写）：CNY1 020 000.00
交易金额（大写）：人民币壹佰零贰万元整
交易摘要：投资款
业务参考号：20241128094232

招商银行股份有限公司 GH814EFD 电子回单专用单

经办：蔡梦涵　复核：吴盼盼　授权：刘琴　回单编号：426B000184851　招商银行股份有限公司

附件 31-2/2

投资协议书（简化）

甲方：开封大华服装有限公司
乙方：郑州惠丽制衣有限公司
为更好地开展生产业务，甲、乙双方经友好协商，达成如下合作协议：
1. 乙方向甲方投资 1 020 000 元，出资方式为货币资金出资，占甲方注册资本金的 51%。
2. 甲、乙双方按所占公司注册资本金的比例享有权利、承担义务。
3. （省略）

甲方签字：齐美菌
（盖章）开封大华服装有限公司 91410201366477000H
日　　期：2024 年 11 月 28 日

乙方签字：李惠萍
（盖章）郑州惠丽制衣有限公司 91410105317912513M
日　　期：2024 年 11 月 28 日

附件 32

收账回单

招商银行 CHINA MERCHANTS BANK

交易日期：2024 年 11 月 28 日
业务类型：汇入存款利息
业务编号：3719082330103011
客户编号：3712024007
收款账号：624306528708091001
收款人：郑州惠丽制衣有限公司
收款开户行：招商银行郑州福元路支行
交易金额（小写）：CNY1 026.91
交易金额（大写）：人民币壹仟零贰拾陆元玖角壹分
交易摘要：结息（账户：624306528708091001）

计息期间	计息积数	利率	利息	利息税
2024.11.01—2024.11.25	CNY73 937 520.00	0.5%	CNY1 026.91	CNY0.00

招商银行股份有限公司 ZWJ498TEK 电子回单专用单

经办：唐诗　复核：李琦苑　授权：祁凌如　回单编号：3308000169965　招商银行股份有限公司

附件33-1/5

郑州惠丽制衣有限公司11月份水电费明细表

金额单位：元

单位	电费			水费			合计
	度数	单价	金额	吨数	单价	金额	
生产车间	16 847	0.80	13 477.60	450	4.80	2 160.00	15 637.60
管理部门	300	0.80	240.00	50	4.80	240.00	480.00
销售部门	153	0.80	122.40				122.40
合计	17 300	0.80	13 840.00	500	4.80	2 400.00	16 240.00

附件33-2/5

出账回单　　招商银行 CHINA MERCHANTS BANK

交易日期：2024年11月30日
业务编号：C0357GC006824MQ
付款账号：6243065287080910001
付款开户行：招商银行郑州福元路支行
收款账号：862306528700092345
收款开户行：中国工商银行郑州市花园路支行
交易金额（小写）：CNY2 616.00
交易金额（大写）：人民币贰仟陆佰壹拾陆元整
交易摘要：11月水费
业务参考号：20241130094232

业务类型：对公转账提出贷记付款
客户编号：3712024007
付款人：郑州惠丽制衣有限公司

收款人：郑州市自来水公司

招商银行股份有限公司 AZ814E1D 电子回单专用单

经办：周富贵　复核：马素芬　授权：牛翠花　回单编号：426BOD0184851　招商银行股份有限公司

附件33-3/5

电子发票（增值税专用发票）

开票号码：24412000000077497529
开票日期：2024年11月30日

购买方信息
名　　称：郑州惠丽制衣有限公司
统一社会信用代码/纳税人识别号：91410105317912513M

销售方信息
名　　称：郑州市自来水公司
统一社会信用代码/纳税人识别号：91410102098355289L

项目名称	规格型号	单位	数量	单价	金额	税率/征收率	税额
*水冰雪*工业用水		吨	500	4.80	2 400.00	9%	216.00
合　计					¥2 400.00		¥216.00
价税合计（大写）	⊗贰仟陆佰壹拾陆元整					（小写）	¥2 616.00
备注							

开票人：卢小强

附件33-4/5

出账回单

招商银行 CHINA MERCHANTS BANK

交易日期：2024年11月30日　　业务类型：对公转账提出贷记付款
业务编号：C0357GC006834MQ　　客户编号：3712024007
付款账号：624306528708091001　　付款人：郑州惠丽制衣有限公司
付款开户行：招商银行郑州福元路支行
收款账号：62435411444745484　　收款人：河南省电力公司郑州供电公司
收款开户行：中国建设银行淮河路支行
交易金额（小写）：CNY15 639.20
交易金额（大写）：人民币壹万伍仟陆佰叁拾玖元贰角整
交易摘要：11月电费
业务参考号：20241130094342

（印章：招商银行股份有限公司 SX724E1X 电子回单专用单）

经办：马魁　复核：张瑜　授权：李玲玉　回单编号：426BOD0184852　招商银行股份有限公司

附件33-5/5

电子发票（增值税专用发票）

（印章：全国统一发票监制章 国家税务总局 河南省税务局）

开票号码：24412000000096485948
开票日期：2024年11月30日

购买方信息	名称：郑州惠丽制衣有限公司 统一社会信用代码/纳税人识别号：91410105317912513M	销售方信息	名称：河南省电力公司郑州供电公司 统一社会信用代码/纳税人识别号：91410102645711308D

项目名称	规格型号	单位	数量	单价	金额	税率/征收率	税额
*供电*工业用电		度	17 300	0.80	13 840.00	13%	1 799.20
合　计					¥13 840.00		¥1 799.20
价税合计（大写）	⊗壹万伍仟陆佰叁拾玖元贰角整					（小写）	¥15 639.20
备注							

开票人：高大名

附件34-1/3

产品生产工时耗用统计表

2024年11月

产品名称	耗用工时（小时）	备注
全棉衬衣	4 000	
化纤裤子	1 500	
丝绸裙子	4 500	

制单：焦芳芳　　复核：惠晓雨

1 附件34-2/3

郑州惠丽制衣有限公司2024年11月工资计算表

单位：元

部门	姓名	基本工资	岗位津贴	奖金	合计
总经理办公室	王路华	4 000	1 000	1 000	6 000
	常　青	3 500	500	500	4 500
财务部	高　山	4 000	1 000	500	5 500
	陈　旭	3 500	500	300	4 300
	魏　民	3 500	500	100	4 100
人事处	张　力	4 000	800	500	5 300
	韩欢欢	3 500	500	300	4 300
供应处	杨　森	3 000	1 000	800	4 800
	胡梦梦	2 500	500	800	3 800
技术处	惠晓雨	4 000	1 500	1 000	6 500
	姬艳艳	3 500	1 000	1 000	5 500
	何　芳	3 500	800	800	5 100
仓储部	王小遥	3 000	500	800	4 300
	刘　亮	2 200	500	300	3 000
管理人员小计		**47 700**	**10 600**	**8 700**	**67 000**
销售处	张桂平	2 000	0	5 500	7 500
	孙琼琼	2 000	0	4 300	6 300
	陶俊瑞	2 000	0	4 100	6 100
	王海瑾	2 000	0	2 100	4 100
	王伟杰	2 000	0	1 600	3 600
销售人员小计		**10 000**	**0**	**17 600**	**27 600**
车间管理	张耀元	2 700	300	1 000	4 000
	成丰钰	2 700	300	800	3 800
	侯　杰	2 700	300	600	3 600
	李诗凯	2 700	300	300	3 300
车间管理人员小计		**10 800**	**1 200**	**2 700**	**14 700**
裁剪车间	苏　晓	2 200	500	2 000	4 700
机工车间	刘丽娜	2 200	500	3 500	6 200
	丁瑞芳	2 200	500	2 600	5 300
	樊　景	2 200	500	2 600	5 300
	范红娜	2 200	500	2 600	5 300
	范卫卫	2 200	500	2 600	5 300
整理车间	韩丽宇	2 200	500	2 500	5 200
	郝春坊	2 200	500	2 100	4 800
	郝玉晓	2 200	500	2 100	4 800
洗水车间	凌　地	2 200	500	2 000	4 700
	刘丽君	2 200	500	2 000	4 700
生产人员工资小计		**24 200**	**5 500**	**26 600**	**56 300**
合　计		**92 700**	**17 300**	**55 600**	**165 600**

附件34-3/3

人工费用（工资）分配表

2024年11月　　　　金额单位：元

成本项目		分配计入			直接计入	合计
		分配标准	分配率	分配金额		
生产成本	全棉衬衣					
	化纤裤子					
	丝绸裙子					
	小　计					
制造费用						
销售费用						
管理费用						
合　计						

审核：高山　　　　制单：魏民

附件35-1/3

2024年11份月社会保险费、住房公积金计算表

单位：元

部门	姓名	工资基数	设定提存计划		社会保险费			住房公积金
			养老保险	失业保险	工伤保险	医疗保险	生育保险	
总经理办公室	王路华	2 500	400	17.5	5	175	25	125
	常　青	2 500	400	17.5	5	175	25	125
财务部	高　山	2 500	400	17.5	5	175	25	125
	陈　旭	2 500	400	17.5	5	175	25	125
	魏　民	2 500	400	17.5	5	175	25	125
人事处	张　力	2 500	400	17.5	5	175	25	125
	韩欢欢	2 500	400	17.5	5	175	25	125
供应处	杨　森	2 500	400	17.5	5	175	25	125
	胡梦梦	2 500	400	17.5	5	175	25	125
技术处	惠晓雨	2 500	400	17.5	5	175	25	125
	姬艳艳	2 500	400	17.5	5	175	25	125
	何　芳	2 500	400	17.5	5	175	25	125
仓储部	王小遥	2 500	400	17.5	5	175	25	125
	刘　亮	2 500	400	17.5	5	175	25	125
管理人员小计		35 000	5 600	245	70	2 450	350	1 750
销售处	张桂平	2 500	400	17.5	5	175	25	125
	孙琼琼	2 500	400	17.5	5	175	25	125
	陶俊瑞	2 500	400	17.5	5	175	25	125
	王海瑾	2 500	400	17.5	5	175	25	125
	王伟杰	2 500	400	17.5	5	175	25	125
销售人员小计		12 500	2 000	87.5	25	875	125	625
车间管理	张耀元	2 500	400	17.5	5	175	25	125
	成丰钰	2 500	400	17.5	5	175	25	125
	侯　杰	2 500	400	17.5	5	175	25	125
	李诗凯	2 500	400	17.5	5	175	25	125
车间管理人员小计		10 000	1 600	70	20	700	100	500
裁剪车间	苏　晓	2 500	400	17.5	5	175	25	125
机工车间	刘丽娜	2 500	400	17.5	5	175	25	125
	丁瑞芳	2 500	400	17.5	5	175	25	125
	樊　景	2 500	400	17.5	5	175	25	125
	范红娜	2 500	400	17.5	5	175	25	125
	范卫卫	2 500	400	17.5	5	175	25	125
整理车间	韩丽宇	2 500	400	17.5	5	175	25	125
	郝春坊	2 500	400	17.5	5	175	25	125
	郝玉晓	2 500	400	17.5	5	175	25	125
洗水车间	凌　地	2 500	400	17.5	5	175	25	125
	刘丽君	2 500	400	17.5	5	175	25	125
生产人员工资小计		27 500	4 400	192.5	55	1 925	275	1 375
合　计		85 000	13 600	595	170	5 950	850	4 250

1 附件 35-2/3

人工费用（社会保险费）分配表

2024 年 11 月　　　　金额单位：元

成本项目		分配计入			直接计入	合计
		分配标准	分配率	分配金额		
生产成本	全棉衬衣					
	化纤裤子					
	丝绸裙子					
	小　计					
制造费用						
销售费用						
管理费用						
合　计						

审核：高山　　　　制单：魏民

1 附件 35-3/3

人工费用（住房公积金）分配表

2024 年 11 月　　　　金额单位：元

成本项目		分配计入			直接计入	合计
		分配标准	分配率	分配金额		
生产成本	全棉衬衣					
	化纤裤子					
	丝绸裙子					
	小　计					
制造费用						
销售费用						
管理费用						
合　计						

审核：高山　　　　制单：魏民

1 附件 36-1/3

工会经费、职工教育经费计算表

单位：元

2024 年 11 月　　　　金额单位：元

部门	工资	工会经费	职工教育经费	合计
管理人员	67 000.00	1 340.00	1 675.00	3 015.00
销售人员	27 600.00	552.00	690.00	1 242.00
车间管理人员	14 700.00	294.00	367.50	661.50
生产人员	56 300.00	1 126.00	1 407.50	2 533.50
合　计	165 600.00	3 312.00	4 140.00	7 452.00

审核：高山　　　　制单：魏民

附件 36-2/3

人工费用（工会经费）分配表

2024 年 11 月　　　　金额单位：元

成本项目		分配计入			直接计入	合计
		分配标准	分配率	分配金额		
生产成本	全棉衬衣					
	化纤裤子					
	丝绸裙子					
	小计					
制造费用						
销售费用						
管理费用						
合计						

审核：高山　　　　制单：魏民

附件 36-3/3

人工费用（职工教育经费）分配表

2024 年 11 月　　　　金额单位：元

成本项目		分配计入			直接计入	合计
		分配标准	分配率	分配金额		
生产成本	全棉衬衣					
	化纤裤子					
	丝绸裙子					
	小计					
制造费用						
销售费用						
管理费用						
合计						

审核：高山　　　　制单：魏民

附件 37-1/3

材 料 入 库 单

供应单位：浙江华阳纺织品有限公司　　　　编号：0301

发票号码：20961327　　　　2024 年 11 月 12 日　　　　材料类别：面料

名称	计量单位	数量		实际成本				计划成本	
		应收	实收	买价		运费	合计	单价	金额
				单价	金额				
化纤布	米	10 000	10 000	9.50	95 000.00	1 000.00	96 000.00	8.00	80 000.00
全棉布	米	20 000	20 000	17.90	358 000.00	2 000.00	360 000.00	15.00	300 000.00
合计					453 000.00	3 000.00	456 000.00		380 000.00

③成本计算

收料人：王小遥　　　　供应部门负责人：杨森　　　　经手人：刘亮

附件 37-2/3

材料入库单

供应单位：北京九彩纺织品有限公司　　　　　　　　　　编号：0304

发票号码：52644564　　　　2024 年 11 月 22 日　　　　材料类别：面料

名称	计量单位	数量		实际成本				计划成本	
		应收	实收	买价		运费	合计	单价	金额
				单价	金额				
丝绸	米	10 000	10 000	36.00	360 000.00		360 000.00	30.00	300 000.00
合计		10 000	10 000	36.00	360 000.00		360 000.00	30.00	300 000.00

③成本计算

收料人：王小遥　　　　供应部门负责人：杨森　　　　经手人：刘亮

附件 37-3/3

材料成本差异计算单

2024 年 11 月　　　　金额单位：元

材料类别	材料名称	入库数量	计划单价	计划成本	实际成本	成本差异	
						超支	节约
面料	化纤布						
面料	全棉布						
面料	丝绸						
合计							

审核：高山　　　　制单：魏民

附件 38-1/12

领　料　单

领料部门：裁剪车间

用　　途：化纤裤子　　　　2024 年 11 月 13 日　　　　第 0001 号

材料		单位	数量		计划成本		实际成本	
名称	规格		请领	实发	单价	计划成本	单价	实际成本
化纤布		米	8 800	8 800	8.00	70 400.00		
无纺布		米	2 600	2 600			8.00	20 800.00
合计								

财务部

领料人：苏晓　　领料部门负责人：张耀元　　发料人：刘亮　　仓库负责人：王小遥

附件 38-2/12

领　料　单

领料部门：机工车间
用　　途：化纤裤子　　　　2024 年 11 月 13 日　　　　第 0002 号

材料		单位	数量		计划成本		实际成本	
名称	规格		请领	实发	单价	计划成本	单价	实际成本
塔线		轴	30	30			10.00	300.00
拉锁		个	8 800	8 800			1.00	8 800.00
合计								

财务部

领料人：刘丽娜　　领料部门负责人：成丰钰　　发料人：刘亮　　仓库负责人：王小遥

附件 38-3/12

领　料　单

领料部门：整理车间
用　　途：化纤裤子　　　　2024 年 11 月 13 日　　　　第 0003 号

材料		单位	数量		计划成本		实际成本	
名称	规格		请领	实发	单价	计划成本	单价	实际成本
扣子		粒	8 800	8 800			0.50	4 400.00
吊牌		个	8 800	8 800			0.20	1 760.00
包装箱		个	176	176			10.00	1 760.00
合计								

财务部

领料人：郝玉晓　　领料部门负责人：侯杰　　发料人：刘亮　　仓库负责人：王小遥

附件 38-4/12

领　料　单

领料部门：裁剪车间
用　　途：全棉衬衣　　　　2024 年 11 月 15 日　　　　第 0004 号

材料		单位	数量		计划成本		实际成本	
名称	规格		请领	实发	单价	计划成本	单价	实际成本
全棉布		米	13 000	13 000	15.00	195 000.00		
合计								

财务部

领料人：苏晓　　领料部门负责人：张耀元　　发料人：刘亮　　仓库负责人：王小遥

附件 38-5/12

领　料　单

领料部门：机工车间
用　　途：全棉衬衣　　　　2024 年 11 月 18 日　　　　第 0005 号

材料		单位	数量		计划成本		实际成本	
名称	规格		请领	实发	单价	计划成本	单价	实际成本
塔线		轴	60	60			10.00	600.00
合计								

财务部

领料人：刘丽娜　　领料部门负责人：成丰钰　　发料人：刘亮　　仓库负责人：王小遥

附件 38-6/12

领　料　单

领料部门：整理车间
用　　途：全棉衬衣　　　　2024 年 11 月 18 日　　　　第 0006 号

材料		单位	数量		计划成本		实际成本	
名称	规格		请领	实发	单价	计划成本	单价	实际成本
扣子		粒	100 000	100 000			0.50	50 000.00
吊牌		个	10 000	10 000			0.20	2 000.00
包装箱		个	200	200			10.00	2 000.00
合计								

财务部

领料人：郝玉晓　　领料部门负责人：侯杰　　发料人：刘亮　　仓库负责人：王小遥

附件 38-7/12

领　料　单

领料部门：裁剪车间
用　　途：丝绸裙子　　　　2024 年 11 月 20 日　　　　第 0007 号

材料		单位	数量		计划成本		实际成本	
名称	规格		请领	实发	单价	计划成本	单价	实际成本
丝绸		米	10 000	10 000	30.00	300 000.00		
合计								

财务部

领料人：苏晓　　领料部门负责人：张耀元　　发料人：刘亮　　仓库负责人：王小遥

1 附件38-8/12

领　料　单

领料部门：机工车间

用　　途：丝绸裙子　　　　2024 年 11 月 23 日　　　　第 0008 号

材料		单位	数量		计划成本		实际成本	
名称	规格		请领	实发	单价	计划成本	单价	实际成本
塔线		轴	100	100			10.00	1 000.00
合计								

财务部

领料人：刘丽娜　　领料部门负责人：成丰钰　　发料人：刘亮　　仓库负责人：王小遥

1 附件38-9/12

领　料　单

领料部门：整理车间

用　　途：丝绸裙子　　　　2024 年 11 月 23 日　　　　第 0009 号

材料		单位	数量		计划成本		实际成本	
名称	规格		请领	实发	单价	计划成本	单价	实际成本
扣子		粒	25 000	25 000			0.50	12 500.00
吊牌		个	5 000	5 000			0.20	1 000.00
包装箱		个	100	100			10.00	1 000.00
合计								

财务部

领料人：郝玉晓　　领料部门负责人：侯杰　　发料人：刘亮　　仓库负责人：王小遥

1 附件38-10/12

领　料　单

领料部门：各生产车间

用　　途：生产防护　　　　2024 年 11 月 25 日　　　　第 0010 号

材料		单位	数量		计划成本		实际成本	
名称	规格		请领	实发	单价	计划成本	单价	实际成本
工作服		套	50	50			50.00	2 500.00
合计								

财务部

领料人：刘丽娜　　领料部门负责人：成丰钰　　发料人：刘亮　　仓库负责人：王小遥

附件 38-11/12

领　料　单

领料部门：仓储部

用　　途：生产防护　　　　2024 年 11 月 25 日　　　　第 0011 号

材料		单位	数量		计划成本		实际成本	
名称	规格		请领	实发	单价	计划成本	单价	实际成本
工作服		套	2	2			50.00	100.00
合计								

财务部

领料人：刘亮　　领料部门负责人：王小遥　　发料人：刘亮　　仓库负责人：王小遥

附件 38-12/12

发出材料汇总表

2024 年 11 月 30 日　　　　金额单位：元

材料 \ 用途		产品耗用						车间一般耗用		管理部门耗用		合计	
		化纤裤子		全棉衬衣		丝绸裙子							
名称	单位	数量	金额	数量	金额	数量	金额	数量	金额	数量	金额	数量	金额
合计													

制单：魏民　　　　复核：高山

附件 39-1/2

材料成本差异率计算表

2024 年 11 月 30 日　　　　金额单位：元

材料名称	计量单位	期初余额			本期购进		
		数量	计划单价	计划成本	数量	计划单价	计划成本
化纤布							
全棉布							
丝绸							
合计							
材料成本差异							
材料成本差异率							

制单：魏民　　　　复核：高山

附件39-2/2

材料成本差异分配表

2024年11月30日　　金额单位：元

成本项目	明细项目	计划成本	成本差异率	差异
生产成本	全棉衬衣			
	化纤裤子			
	丝绸裙子			
合　计				

制单：魏民　　复核：高山

附件40

制造费用分配表

2024年11月30日　　金额单位：元

产品名称	生产工时	分配率（元/小时）	分配金额
全棉衬衣			
化纤裤子			
丝绸裙子			
合计			

制单：魏民　　复核：高山

附件41-1/8

产成品入库单

交库单位：整理车间　　2024年11月17日　　№ 8001

产品名称	计量单位	交付数量	检验结果		实收数量
			合格	不合格	
化纤裤子	条	8 800	8 800		8 800

交库人：侯杰　　仓库保管员：刘亮

附件41-2/8

产成品入库单

交库单位：整理车间　　2024年11月25日　　№ 8002

产品名称	计量单位	交付数量	检验结果		实收数量
			合格	不合格	
全棉衬衣	件	10 000	10 000		10 000

交库人：侯杰　　仓库保管员：刘亮

附件41-3/8

产成品入库单

交库单位：整理车间　　2024年11月30日　　№ 8003

产品名称	计量单位	交付数量	检验结果		实收数量
			合格	不合格	
丝绸裙子	件	3 500	3 500		3 500

交库人：侯杰　　仓库保管员：刘亮

附件41-4/8

约当产量计算表

产品名称：丝绸裙子　　2024年11月30日　　金额单位：元

工序	生产步骤	工时	完工进度	月末在产品数量	
				数量	约当产量
1	剪裁	6分钟			
2	缝制	12分钟			
3	洗水	4分钟		500	
4	整烫	1.5分钟			
5	包装	1.5分钟		1 000	
合计		25分钟		1 500	

制单：魏民　　复核：高山

附件41-5/8

月末完工产品与在产品成本分配表

产品名称：化纤裤子　　2024年11月30日　　金额单位：元

成本项目	金额			数量		完工产品成本	月末在产品成本
	期初余额	本期发生	合计	本期完工	约当产量		
直接材料							
直接人工							
制造费用							
合计				—	—		

制单：魏民　　复核：高山

注：计算时，单价除不尽的，按四舍五入保留两位小数计算。

1 附件41-6/8

月末完工产品与在产品成本分配表

产品名称：全棉衬衣　　　　2024年11月30日　　　　金额单位：元

成本项目	金额			数量		完工产品成本	月末在产品成本
	期初余额	本期发生	合计	本期完工	约当产量		
直接材料							
直接人工							
制造费用							
合计				——	——		

制单：魏民　　　　复核：高山

注：计算时，单价除不尽的，按四舍五入保留两位小数计算。

1 附件41-7/8

月末完工产品与在产品成本分配表

产品名称：丝绸裙子　　　　2024年11月30日　　　　金额单位：元

成本项目	金额			数量		完工产品成本	月末在产品成本
	期初余额	本期发生	合计	本期完工	约当产量		
直接材料							
直接人工							
制造费用							
合计				—	—		

制单：魏民　　　　复核：高山

注：计算时，单价除不尽的，按四舍五入保留两位小数计算。

1 附件41-8/8

产品成本汇总表

2024年11月30日　　　　金额单位：元

项目	化纤裤子	全棉衬衣	丝绸裙子	合计
期初在产品成本				
本期生产费用				
生产费用合计				
期末完工产品成本				
期末在产品成本				

制单：魏民　　　　复核：高山

附件42-1/3

产品出库单

出货单位：郑州惠丽制衣有限公司　　2024年11月20日　　№5001

收货单位：上海风尚服装有限公司　　提货人：王伟杰

产品编号	产品名称	单位	数量
01	化纤裤子	条	5 000
合　计			5 000

经办人：孙琼琼　　销售处负责人：张桂平　　保管员：刘亮　　仓库负责人：王小遥

附件42-2/3

产品出库单

出货单位：郑州惠丽制衣有限公司　　2024年11月28日　　№5002

收货单位：苏州婷美服装有限公司　　提货人：王伟杰

产品编号	产品名称	单位	数量
02	全棉衬衣	件	6 000
合　计			6 000

经办人：孙琼琼　　销售处负责人：张桂平　　保管员：刘亮　　仓库负责人：王小遥

附件42-3/3

销售产品成本计算单

编制单位：郑州惠丽制衣有限公司　　2024年11月30日　　金额单位：元

产品名称	期初成本			本期入库			发出成本		库存成本	
	数量	单价	金额	数量	单价	金额	数量	金额	数量	金额
化纤裤子										
全棉衬衣										
丝绸裙子										
合计										

制单：魏民　　复核：高山

注：单价若除不尽，按四舍五入保留两位小数计算。

附件43

企业所得税计算表

编制单位：郑州惠丽制衣有限公司　　2024年11月30日　　金额单位：元

计税依据	计税金额	税率	应纳税额
合计			

制单：魏民　　复核：高山

1 附件44

利 润 表

会企02表

编制单位：　　　　年　　月　　　　单位：元

项目	本期金额	上期金额
一、营业收入		
减：营业成本		
税金及附加		
销售费用		
管理费用		
研发费用		
财务费用		
其中：利息费用		
利息收入		
加：其他收益		
投资收益（损失以“–”号填列）		
其中：对联营企业和合营企业的投资收益		
以摊余成本计量的金融资产终止确认收益（损失以“–”号填列）		
净敞口套期收益（损失以“–”号填列）		
公允价值变动收益（损失以“–”号填列）		
信用减值损失（损失以“–”号填列）		
资产减值损失（损失以“–”号填列）		
资产处置收益（损失以“–”号填列）		
二、营业利润（亏损以“–”号填列）		
加：营业外收入		
减：营业外支出		
三、利润总额（亏损总额以“–”号填列）		
减：所得税费用		
四、净利润（净亏损以“–”号填列）		
（一）持续经营净利润（净亏损以“–”号填列）		
（二）终止经营净利润（净亏损以“–”号填列）		
五、其他综合收益的税后净额		
（一）不能重分类进损益的其他综合收益		
1. 重新计量设定受益计划变动额		
2. 权益法下不能转损益的其他综合收益		
3. 其他权益工具投资公允价值变动		
4. 企业自身信用风险公允价值变动		
⋮		
（二）将重分类进损益的其他综合收益		
1. 权益法下可转损益的其他综合收益		
2. 其他债权投资公允价值变动		
3. 金融资产重分类计入其他综合收益的金额		
4. 其他债权投资信用减值准备		
5. 现金流量套期储备		
6. 外币财务报表折算差额		
⋮		
六、综合收益总额		
七、每股收益		
（一）基本每股收益		
（二）稀释每股收益		

附件45

资产负债表

会企02表

编制单位：　　　　　　　　　　年　月　日　　　　　　　　　　单位：元

资产	期末余额	上年年末余额	负债和所有者权益（或股东权益）	期末余额	上年年末余额
流动资产：			流动负债：		
货币资金			短期借款		
交易性金融资产			交易性金融负债		
衍生金融资产			衍生金融负债		
应收票据			应付票据		
应收账款			应付账款		
应收款项融资			预收款项		
预付款项			合同负债		
其他应收款			应付职工薪酬		
存货			应交税费		
合同资产			其他应付款		
持有待售资产			持有待售负债		
一年内到期的非流动资产			一年内到期的非流动负债		
其他流动资产			其他流动负债		
流动资产合计			流动负债合计		
非流动资产：			非流动负债：		
债权投资			长期借款		
其他债权投资			应付债券		
长期应收款			其中：优先股		
长期股权投资			永续债		
其他权益工具投资			租赁负债		
其他非流动金融资产			长期应付款		
投资性房地产			预计负债		
固定资产			递延收益		
在建工程			递延所得税负债		
生产性生物资产			其他非流动负债		
油气资产			非流动负债合计		
使用权资产			负债合计		
无形资产			所有者权益（或股东权益）：		
开发支出			实收资本（或股本）		
商誉			其他权益工具		
长期待摊费用			其中：优先股		
递延所得税资产			永续债		
其他非流动资产			资本公积		
非流动资产合计			减：库存股		
			其他综合收益		
			专项储备		
			盈余公积		
			未分配利润		
			所有者权益（或股东权益）合计		
资产总计			负债和所有者权益（或股东权益）总计		

附件46

增值税及附加税费纳税申报表

（一般纳税人适用）

根据国家税收法律法规及增值税相关规定制定本表。纳税人不论有无销售额，均应按税务机关核定的纳税期限填写本表，并向当地税务机关申报。

税款所属时间：自　年　月　日至　年　月　日　填表日期：　年　月　日　金额单位：元（列至角分）

纳税人识别号（统一社会信用代码）：□□□□□□□□□□□□□□□□□□□□　所属行业：

纳税人名称		法定代表人姓名		注册地址		生产经营地址	
开户银行及账号		登记注册类型				电话号码	

项目		栏次	一般项目		即征即退项目	
			本月数	本年累计	本月数	本年累计
销售额	（一）按适用税率计税销售额	1				
	其中：应税货物销售额	2				
	应税劳务销售额	3				
	纳税检查调整的销售额	4				
	（二）按简易办法计税销售额	5				
	其中：纳税检查调整的销售额	6				
	（三）免、抵、退办法出口销售额	7			—	—
	（四）免税销售额	8			—	—
	其中：免税货物销售额	9			—	—
	免税劳务销售额	10			—	—
税款计算	销项税额	11				
	进项税额	12				
	上期留抵税额	13				—
	进项税额转出	14				
	免、抵、退应退税额	15			—	—
	按适用税率计算的纳税检查应补缴税额	16			—	—
	应抵扣税额合计	17=12+13-14-15+16		—		—
	实际抵扣税额	18（如17<11，则为17，否则为11）				
	应纳税额	19=11-18				
	期末留抵税额	20=17-18				—
	简易计税办法计算的应纳税额	21				
	按简易计税办法计算的纳税检查应补缴税额	22			—	—
	应纳税额减征额	23				
	应纳税额合计	24=19+21-23				
税款缴纳	期初未缴税额（多缴为负数）	25				
	实收出口开具专用缴款书退税额	26			—	—
	本期已缴税额	27=28+29+30+31				
	①分次预缴税额	28		—		—
	②出口开具专用缴款书预缴税额	29		—	—	—
	③本期缴纳上期应纳税额	30				
	④本期缴纳欠缴税额	31				
	期末未缴税额（多缴为负数）	32=24+25+26-27				
	其中：欠缴税额（≥0）	33=25+26-27		—		—
	本期应补（退）税额	34=24-28-29		—		—
	即征即退实际退税额	35	—	—		
	期初未缴查补税额	36			—	—
	本期入库查补税额	37			—	—
	期末未缴查补税额	38=16+22+36-37			—	—
附加税费	城市维护建设税本期应补（退）税额	39			—	—
	教育费附加本期应补（退）费额	40			—	—
	地方教育附加本期应补（退）费额	41			—	—

声明：此表是根据国家税收法律法规及相关规定填写的，本人（单位）对填报内容（及附带资料）的真实性、可靠性、完整性负责。

纳税人（签章）：　年　月　日

经办人： 经办人身份证号： 代理机构签章： 代理机构统一社会信用代码：	受理人： 受理税务机关（章）： 受理日期：　年　月　日

任务二　处理12月份经济业务资料

附件1

入账回单　　招商银行 CHINA MERCHANTS BANK

交易日期：2024年12月01日　　业务类型：汇入借款
业务编号：65R016P8000006047888　　客户编号：3712024007
收款账号：624306528708091001　　收款人：郑州惠丽制衣有限公司
收款开户行：招商银行郑州福元路支行
付款账号：99501830120000203
付款开户行：招商银行郑州福元路支行　　付款人：招商银行郑州福元路支行企业信贷中心
交易金额（小写）：CNY800 000.00
交易金额（大写）：人民币捌拾万元整
交易摘要：1年期借款，限生产经营周转
业务参考号：202412011001221
经办：何晴　复核：方舒　授权：张伟欣　回单编号：465B000568124　招商银行股份有限公司

招商银行股份有限公司 MRFRHER6 电子回单专用单

附件2

贴现凭证（收账通知） ④

客户号 023　　申请日期 2024年12月03日　　借据号：046

贴现票据	种类	银行承兑汇票	号码 13022411286687	持票人	名称	郑州惠丽制衣有限公司
	出票日	2024年11月28日			账号	624306528708091001
	到期日	2025年02月28日			开户银行	招商银行郑州福元路支行
汇票承兑人	名称	中国银行苏州分行	账号 0775		开户银行	中国银行
汇票金额（贴现金额）	人民币（大写）	伍拾肆万贰仟肆佰元整			千百十万千百十元角分	¥542 400 00
贴现率每天	0.2‰	贴现利息	¥9 980 16		实付贴现金额	¥532 419 84

贴现款项已入你单位账户
银行盖章
2024年12月03日

备注：苏州婷美服装有限公司的银行承兑汇票进行贴现，92天

此联为银行给持票人的收账通知

中国银行苏州分行 业务专用章

附件3-1/3

电子发票（增值税专用发票）　　开票号码：24412000000017863366
开票日期：2024年12月03日

国家税务总局 河南省税务局

购买方信息	名称：郑州惠丽制衣有限公司 统一社会信用代码/纳税人识别号：91410105317912513M			销售方信息	名称：河南德利办公用品有限公司 统一社会信用代码/纳税人识别号：91410105008387902P		
项目名称	规格型号	单位	数量	单价	金额	税率/征收率	税额
*印刷品*笔记本		本	50	5.00	250.00	13%	32.50
*文具*签字笔		盒	30	25.00	750.00	13%	97.50
合计					¥1 000.00		¥130.00
价税合计（大写）	⊗壹仟壹佰叁拾元整				（小写）¥1 130.00		
备注							

开票人：张飞

2 附件3-2/3

出账回单

招商银行 CHINA MERCHANTS BANK

交易日期：2024年12月03日　　业务类型：对公转账提出贷记付款
业务编号：C0691GC0066885F　　客户编号：3712024007
付款账号：624306528708091001　　付款人：郑州惠丽制衣有限公司
付款开户行：招商银行郑州福元路支行
收款账号：17054650905706909　　收款人：河南德利办公用品有限公司
收款开户行：中国工商银行郑州紫荆山路支行
交易金额（小写）：CNY1 130.00
交易金额（大写）：人民币壹仟壹佰叁拾元整
交易摘要：办公用品货款
业务参考号：20241203101232

招商银行股份有限公司 OU815DGR 电子回单专用单

经办：沈萍　　复核：林芬芳　　授权：赵明　　回单编号：349N000132839　　招商银行股份有限公司

2 附件3-3/3

办公用品领用单

部门	笔记本（本）			签字笔（盒）			合计	领用人签字
	单价	数量	金额	单价	数量	金额		
办公室	5.00	2	10.00	25.00	1	25.00	35.00	常青
财务部	5.00	4	20.00	25.00	5	125.00	145.00	高山
人事处	5.00	2	10.00	25.00	1	25.00	35.00	张力
技术处	5.00	5	25.00	25.00	2	50.00	75.00	惠晓雨
销售处	5.00	5	25.00	25.00	2	50.00	75.00	张桂平
供应处	5.00	5	25.00	25.00	2	50.00	75.00	杨森
仓储部	5.00	2	10.00	25.00	2	50.00	60.00	王小遥
车间	5.00	25	125.00	25.00	15	375.00	500.00	张耀元
合计	5.00	50	250.00	25.00	30	750.00	1 000.00	

制单：陈旭　　复核：高山

2 附件4

融资租赁合同（简）

甲方（出租方）：郑州双鑫租赁有限公司　　乙方（承租方）：郑州惠丽制衣有限公司

甲、乙双方根据《中华人民共和国民法典》之规定，经协商一致，自愿签订本融资租赁合同。本合同一经签订，在法律上对甲、乙双方均有约束力。

1. 租赁物：全新进口纺织粘合机，公允价值430 000元，预计使用年限5年，不需要安装。
2. 租赁期：2024年12月01日—2026年12月01日，共24个月。
3. 租金支付方式：按年支付，自租赁期开始日满1年的期末支付租金240 000元。
4. 租赁利率：年利率8%。
5. 租赁期满租赁物所有权转移给郑州惠丽制衣有限公司，购买价100元。
6. （略）

甲方（出租人）（盖章）：郑州双鑫租赁有限公司 110000002259658
法定代表人（签字）：曹静
2024年12月01日

乙方（承租人）（盖章）：郑州惠丽制衣有限公司 91010531791251 3M
法定代表人（签字）：李惠萍
2024年12月01日

2 附件5-1/2

出账回单

招商银行 CHINA MERCHANTS BANK

交易日期：2024年12月04日　　业务类型：对公转账提出贷记付款

业务编号：Q018244337　　客户编号：3712024007

付款账号：624306528708091001　　付款人：郑州惠丽制衣有限公司

付款开户行：招商银行郑州福元路支行

交易金额（小写）：CNY150 828.26

交易金额（大写）：人民币壹拾伍万零捌佰贰拾捌元贰角陆分

交易摘要：工资

产品编码：代发工资

业务参考号：20241204094747　　协议号：BE9097

招商银行股份有限公司 TCMACA3K 电子回单专用单

经办：郭山彤　复核：梁敦厦　授权：霍负浪　回单编号：349A000196575　招商银行股份有限公司

2 附件5-2/2

郑州惠丽制衣有限公司2024年11月工资发放表

部门	姓名	应付合计	房租	养老保险	失业保险	医疗保险	住房公积金	个人所得税*	扣款小计	实发工资
总经理办公室	王路华	6 000		200	7.5	50	125	18.53	401.03	5 598.97
	常 青	4 500		200	7.5	50	125		382.50	4 117.50
财务部	高 山	5 500		200	7.5	50	125	3.53	386.03	5 113.97
	陈 旭	4 300		200	7.5	50	125		382.50	3 917.50
	魏民	4 100		200	7.5	50	125		382.50	3 717.50
人事处	张 力	5 300		200	7.5	50	125		382.50	4 917.50
	韩欢欢	4 300		200	7.5	50	125		382.50	3 917.50
供应处	杨 森	4 800		200	7.5	50	125		382.50	4 417.50
	胡梦梦	3 800		200	7.5	50	125		382.50	3 417.50
技术处	惠晓雨	6 500		200	7.5	50	125	33.53	416.03	6 083.97
	姬艳艳	5 500		200	7.5	50	125	3.53	386.03	5 113.97
	何 芳	5 100		200	7.5	50	125		382.50	4 717.50
仓储部	王小遥	4 300		200	7.5	50	125		382.50	3 917.50
	刘 亮	3 000		200	7.5	50	125		382.50	2 617.50
销售处	张桂平	7 500		200	7.5	50	125	63.53	446.03	7 053.97
	孙琼琼	6 300		200	7.5	50	125	27.53	410.03	5 889.97
	陶俊瑞	6 100		200	7.5	50	125	21.53	404.03	5 695.97
	王海瑾	4 100		200	7.5	50	125		382.50	3 717.50
	王伟杰	3 600		200	7.5	50	125		382.50	3 217.50
车间管理	张耀元	4 000	150	200	7.5	50	125		532.50	3 467.50
	成丰钰	3 800	150	200	7.5	50	125		532.50	3 267.50
	侯 杰	3 600	150	200	7.5	50	125		532.50	3 067.50
	李诗凯	3 300	150	200	7.5	50	125		532.50	2 767.50
裁剪车间	苏 晓	4 700	75	200	7.5	50	125		457.50	4 242.50
机工车间	刘丽娜	6 200	150	200	7.5	50	125	20.03	552.53	5 647.47
	丁瑞芳	5 300	75	200	7.5	50	125		457.50	4 842.50
	樊 景	5 300	75	200	7.5	50	125		457.50	4 842.50
	范红娜	5 300	75	200	7.5	50	125		457.50	4 842.50
	范卫卫	5 300	75	200	7.5	50	125		457.50	4 842.50
整理车间	韩丽宇	5 200	150	200	7.5	50	125		532.50	4 667.50
	郝春坊	4 800	75	200	7.5	50	125		457.50	4 342.50
	郝玉晓	4 800	75	200	7.5	50	125		457.50	4 342.50
洗水车间	凌 地	4 700	75	200	7.5	50	125		457.50	4 242.50
	刘丽君	4 700	75	200	7.5	50	125		457.50	4 242.50
合计		165 600	1 575	6 800	255	1 700	4 250	191.74	14 771.74	150 828.26

*暂不考虑专项附加扣除。

2 附件6

招商银行电子缴税付款凭证

招商银行 CHINA MERCHANTS BANK

日期：2024年12月05日　　税票号码：341016220100337102

纳税人全称及识别号：郑州惠丽制衣有限公司 91410105317912513M

付款人全称：郑州惠丽制衣有限公司

付款人账号：624306528708091001　　缴款书交易流水：2024120578266805

付款人开户银行：招商银行郑州福元路支行

征收机关名称：国家税务总局郑州市康庄区税务局

收款国库（银行）名称：国家金库郑州市康庄区支库

小写（合计）金额：¥10 290.37

大写（合计）金额：人民币壹万零贰佰玖拾元叁角柒分

税（费）种名称	所属时期	实缴金额
企业所得税	2024.11.01—2024.11.30	¥10 290.37

回单编号：6750006002535　　打印日期：2024/12/05　　渠道：税局

（印章：招商银行股份有限公司 6MFEAEM4 电子回单专用单）

2 附件7-1/4

国家税务总局郑州市康庄区税务局
责令限期改正通知书

康庄税限改〔2024〕895号

郑州惠丽制衣有限公司（纳税人识别号：91410105317912513M）：

你（单位）2024年11月1日至2024年11月30日个人所得税（工资薪金所得）未按期进行申报。

根据《中华人民共和国税收征收管理法》第六十二条规定，限你（单位）于2024年12月15日前携带相关资料至我局申报办理有关事项。

（印章：国家税务总局郑州市康庄区税务局）

2024年12月05日

2 附件7-2/4

国家税务总局郑州市康庄区税务局
税务行政处罚决定书（简易）

康庄税简罚〔2024〕1583号

被处罚人名称	郑州惠丽制衣有限公司		
被处罚人证件名称	营业执照	证件号码	91410105317912513M
处罚地点		处罚时间	2024-12-05
违法事实及处罚依据	2024-11-01至2024-11-30个人所得税工资薪金所得未按期进行申报 《中华人民共和国税收征收管理法》第六十二条。		
缴纳方式	□1.当场缴纳； ☑2.限十五日内到税务机关缴纳。		
罚款金额	（大写）人民币伍佰元整　　（小写）¥500.00		
告知事项	1.当事人应终止违法行为并予以纠正。 2.如对本决定不服，可以自收到本决定书之日起六十日内依法向国家税务总局郑州高新技术产业开发区税务局申请行政复议，或者自收到本决定书之日起六个月内依法向人民法院起诉。 3.到期不缴纳罚款的，税务机关可自缴款期限届满次日起每日按罚款数额的百分之三加处罚款，加处罚款的数额不超过罚款本数。 4.对处罚决定逾期不申请行政复议也不向人民法院起诉、又不履行的，税务机关有权依法采取强制执行措施或者申请人民法院强制执行。		
执法人员已告知我享有陈述、申辩权利，我陈述、申辩如下： 无异议 经办人：薛丽娜 2024年12月05日			
执法人员 张朴 张岩 税务机关（印章） 2024年 12月05日		签收情况 经办人：薛丽娜 2024年12月05日	

（印章：国家税务总局郑州市康庄区税务局）

2 附件7-3/4

中华人民共和国税收完税证明

填发日期：2024年12月05日　　税务机关：国家税务总局郑州市康庄区税务局

纳税人识别号	91410105317912513M		纳税人名称		郑州惠丽制衣有限公司	
原凭证号		税种	税目名称	税款所属日期	入（退）库日期	实缴（退）金额
341016230700508566		税务部门罚没收入	税务部门罚没收入	2024年11月01日至2024年11月30日	2024-12-08	500.00
合计金额		（大写）人民币伍佰元整				¥500.00
税务机关（盖章）		填票人 电子税务局	备注：行为罚款　自行申报现金，主管税务所（科、分局）：国家税务总局郑州市康庄区税务局			

第二联　交纳税人作完税凭证

2 附件7-4/4

招商银行电子缴税付款凭证

招商银行 CHINA MERCHANTS BANK

日期：2024年12月05日　　税票号码：341016220100337103

纳税人全称及识别号：郑州惠丽制衣有限公司 91410105317912513M

付款人全称：郑州惠丽制衣有限公司

付款人账号：6243065287080910001　　缴款书交易流水：2024120578266806

付款人开户银行：招商银行郑州福元路支行

征收机关名称：国家税务总局郑州市康庄区税务局

收款国库（银行）名称：国家金库郑州市康庄区支库

小写（合计）金额：¥500.00

大写（合计）金额：人民币伍佰元整

税（费）种名称	所属时期	实缴金额
待解报收入	2024.11.01—2024.11.30	¥500.00

回单编号：8190006502090　　打印日期：2024/12/05　　渠道：税局

（印章：招商银行股份有限公司 JH8DR1DR 电子回单专用单）

2 附件8-1/2

电子发票（增值税专用发票）

开票号码：24412000000041960123

开票日期：2024年12月06日

购买方信息	名称：郑州惠丽制衣有限公司 统一社会信用代码/纳税人识别号：91410105317912513M	销售方信息	名称：河南大河图文广告有限公司 统一社会信用代码/纳税人识别号：91410105009865246G

项目名称	规格型号	单位	数量	单价	金额	税率/征收率	税额
*现代服务*广告费					30 000.00	6%	1 800.00
合计					¥30 000.00		¥1 800.00
价税合计（大写）	⊗叁万壹仟捌佰元整					（小写）	¥31 800.00
备注							

开票人：陶涛

2 附件8-2/2

出账回单　　招商银行 CHINA MERCHANTS BANK

交易日期：2024年12月06日　　业务类型：对公转账提出贷记付款
业务编号：B0368GH0069486G　　客户编号：3712024007
付款账号：624306528708091001　　付款人：郑州惠丽制衣有限公司
付款开户行：招商银行郑州福元路支行
收款账号：6224181430148459　　收款人：河南大河图文广告有限公司
收款开户行：光大银行郑州支行
交易金额（小写）：CNY31 800.00
交易金额（大写）：人民币叁万壹仟捌佰元整
交易摘要：广告费
业务参考号：20241206093542

招商银行股份有限公司 8K8360PL 电子回单专用单

经办：牛贵丽　复核：赵松峰　授权：白石　回单编号：482FO00194201　招商银行股份有限公司

2 附件9-1/3

出账回单　　招商银行 CHINA MERCHANTS BANK

交易日期：2024年12月06日　　业务类型：对公转账提出贷记付款
业务编号：H03954H0064886T　　客户编号：3712024007
付款账号：624306528708091001　　付款人：郑州惠丽制衣有限公司
付款开户行：招商银行郑州福元路支行
收款账号：41258963147357159658１　　收款人：郑州隆盛房屋租赁有限公司
收款开户行：中国建设银行发达路支行
交易金额（小写）：CNY76 300.00
交易金额（大写）：人民币柒万陆仟叁佰元整
交易摘要：12月份房屋租赁费
业务参考号：20241206065542

招商银行股份有限公司 MRFRIIER6 电子回单专用单

经办：张红燕　复核：孙传芳　授权：刘珍珠　回单编号：482FO00194211　招商银行股份有限公司

2 附件9-2/3

电子发票（增值税专用发票）　　开票号码：24412000000015968745
开票日期：2024年12月06日

不动产经营租赁服务

购买方信息	名称：郑州惠丽制衣有限公司 统一社会信用代码/纳税人识别号：91410105317912513M	销售方信息	名称：郑州隆盛房屋租赁有限公司 统一社会信用代码/纳税人识别号：91410105147258369L

项目名称	规格型号	单位	数量	单价	金额	税率/征收率	税额
*经营租赁*厂房房租		平方米	4 000	10.00	40 000.00	9%	3 600.00
*经营租赁*公寓房租		套	20	1 500.00	30 000.00	9%	2 700.00
合　计					¥70 000.00		¥6 300.00
价税合计（大写）	⊗柒万陆仟叁佰元整					（小写）	¥76 300.00
备注	不动产地址：康庄区发达路188号 跨地市标志：否				租赁期起止：2024年11月06日至2029年11月06日		

开票人：毛豆豆

2 附件9-3/3

职工公寓房分配管理办法

公司租赁公寓房20套作为员工宿舍，每套月租金1 500元，其中，5套提供给企业中高层管理人员免费居住；15套作为生产工人的宿舍，每套每月收取住宿费300元，由住宿员工平均分摊。

郑州惠丽制衣有限公司
2024年12月06日

2 附件10-1/2

中华人民共和国税收完税证明

填发日期：2024年12月10日　　税务机关：国家税务总局郑州市康庄区税务局

纳税人识别号	91410105317912513M		纳税人名称		郑州惠丽制衣有限公司
原凭证号	税种	税目名称	税款所属日期	入（退）库日期	实缴（退）金额
441016240300306965	失业保险费	失业保险（单位缴纳）	2024年11月1日至2024年11月30日		595.00
441016240300306965	失业保险费	失业保险（个人缴纳）	2024年11月1日至2024年11月30日		255.00
441016240300306965	基本医疗保险费	职工基本医疗保险（个人缴纳）	2024年11月1日至2024年11月30日		1 700.00
合计金额	（大写）人民币贰仟伍佰伍拾元整				¥2 550.00
税务机关（盖章）	填表人 电子税务局	备注：一般申报 自行申报，主管税务所（科、分局）：国家税务总局郑州市康庄区税务局，社保编码：4101996202，社保经办机构：郑州市市本级医疗保障局			

第二联 收据 交纳税人作完税凭证

2 附件10-2/2

招商银行电子缴税付款凭证

招商银行 CHINA MERCHANTS BANK

交易日期：2024年12月10日　　税票号码：341016220100337104

纳税人全称及识别号：郑州惠丽制衣有限公司91410105317912513M

付款人全称：郑州惠丽制衣有限公司

付款账号：624306528708091001　　缴款书交易流水：C02470C00118E6

付款人开户银行：招商银行郑州福元路支行

征收机关名称：国家税务总局郑州市康庄区税务局

收款国库（银行）名称：国家金库郑州市康庄区支库

小写（合计）金额：¥2 550.00

大写（合计）金额：人民币贰仟伍佰伍拾元整

税(费)种名称	所属时期	实缴金额
失业保险费（单位缴纳）	20241101—20241130	595.00
失业保险费（个人缴纳）	20241101—20241130	255.00
职工基本医疗保险费（个人缴纳）	20241101—20241130	1 700.00

回单编号：330B741130367　　打印日期：2024/12/10　　渠道：税局

招商银行股份有限公司 YH8PP98B 电子回单专用单

2 附件11-1/2

中华人民共和国税收完税证明

填发日期：2024年12月10日 税务机关：国家税务总局郑州市康庄区税务局

纳税人识别号	91410105317912513M	纳税人名称		郑州惠丽制衣有限公司	
原凭证号	税种	税目名称	税款所属日期	入（退）库日期	实缴（退）金额
441016240300306966	职工基本养老保险费	职工基本养老保险（单位缴纳）	2024年11月1日至2024年11月30日		13 600.00
441016240300306966	职工基本养老保险费	职工基本养老保险（个人缴纳）	2024年11月1日至2024年11月30日		6 800.00
441016240300306966	基本医疗保险费	职工基本医疗保险（单位缴纳）	2024年11月1日至2024年11月30日		5 950.00
441016240300306966	工伤保险费	工伤保险	2024年11月1日至2024年11月30日		170.00
441016240300306966	生育保险费	生育保险	2024年11月1日至2024年11月30日		850.00
合计金额	（大写）人民币贰万柒仟叁佰柒拾元整				¥27 370.00
税务机关（盖章）	填表人 电子税务局	备注：一般申报 自行申报，主管税务所（科、分局）：国家税务总局郑州市康庄区税务局，社保编码：4101996202，社保经办机构：郑州市市本级医疗保障局			

第二联 收据 交纳税人作完税凭证

2 附件11-2/2

招商银行电子缴税付款凭证

招商银行 CHINA MERCHANTS BANK

交易日期：2024年12月10日 税票号码：341016220100337105

纳税人全称及识别号：郑州惠丽制衣有限公司91410105317912513M

付款人全称：郑州惠丽制衣有限公司

付款账号：624306528708091001 缴款书交易流水：C02470C00118E9

付款人开户银行：招商银行郑州福元路支行

征收机关名称：国家税务总局郑州市康庄区税务局

收款国库（银行）名称：国家金库郑州市康庄区支库

小写（合计）金额：¥27 370.00

大写（合计）金额：人民币贰万柒仟叁佰柒拾元整

税（费）种名称	所属时期	实缴金额
职工基本养老保险费（企业缴纳）	20241101—20241130	13 600.00
职工基本养老保险费（个人缴纳）	20241101—20241130	6 800.00
职工基本医疗保险费（单位缴纳）	20241101—20241130	5 950.00
工伤保险费	20241101—20241130	170.00
生育保险费	20241101—20241130	850.00

回单编号：330B741130368 打印日期：2024/12/10 渠道：税局

（印章：招商银行股份有限公司 YH8PP99B 电子回单专用单）

2 附件12

出账回单

招商银行 CHINA MERCHANTS BANK

交易日期：2024年12月10日 业务类型：企业银行支付（网银互联）

付款账号：624306528708091001 付款人：郑州惠丽制衣有限公司

付款开户行：招商银行郑州福元路支行

收款账号：1702029129226000139 收款人：郑州住房公积金管理中心

收款开户行：中国建设银行康庄路支行

交易金额（小写）：CNY8 500.00

交易金额（大写）：人民币捌仟伍佰元整

交易摘要：2024年11月公积金

业务参考号：20241210090441

（印章：招商银行股份有限公司 MRFRIIER7 电子回单专用单）

经办：王牡丹 复核：超永梅 授权：秦雪花 回单编号：381B600447199 招商银行股份有限公司

2 附件13

河南证券银河营业部交割单

客户编号：232646　　名称：郑州惠丽制衣有限公司　　日期：2024.12.11　　打印柜员：013

币种	资金金额	可用金额	可取现金	资产市值
人民币	231 516.00	231 516.00	231 516.00	

流水明细

日期	业务标志	证券名称	证券代码	发生数量	成交均价	佣金	收付金额	资金余额
2024.12.07	股票卖出	美的电器	000327	10 000	12.30	120.00	122 880.00	231 516.00
合计	—	—	—	10 000	12.30	120.00	122 880.00	231 516.00

2 附件14

河南证券银河营业部交割单

客户编号：232646　　名称：郑州惠丽制衣有限公司　　日期：2024.12.11　　打印柜员：025

币种	资金金额	可用金额	可取现金	资产市值
人民币	178 366.00	178 366.00	178 366.00	53 000.00

流水明细

日期	业务标志	证券名称	证券代码	发生数量	成交均价	交易费	收付金额	资金余额
2024.12.10	债券买入	锐华债券	11**65	500	106.00	150.00	53 150.00	178 366.00
合计	—	—	—	500	106.00	150.00	53 150.00	178 366.00

注：该债券划分为债权投资。债券2024年1月1日发行，票面面值100元，票面利率5%，实际利率4%，按年付息，次年1月15日支付债券利息，本金在债券到期时一次性偿还。

2 附件15

电子发票（增值税专用发票）

开票号码：24412000000041646494

开票日期：2024年12月11日

（印章：全国统一发票监制章 国家税务总局 江苏省税务局）

购买方信息	名称：郑州惠丽制衣有限公司 统一社会信用代码/纳税人识别号：91410105317912513M	销售方信息	名称：无锡赛鼎纺织品有限公司 统一社会信用代码/纳税人识别号：91320200147258369P

项目名称	规格型号	单位	数量	单价	金额	税率/征收率	税额
*纺织品*丝绸		米	25 000	36.00	900 000.00	13%	117 000.00
*纺织品*全棉布		米	25 000	18.00	450 000.00	13%	58 500.00
*纺织品*化纤布		米	10 000	9.60	96 000.00	13%	12 480.00
*纺织品*无纺布		米	5 000	8.00	40 000.00	13%	5 200.00
合　计					¥1 486 000.00		¥193 180.00
价税合计（大写）	⊗壹佰陆拾柒万玖仟壹佰捌拾元整					（小写）	¥1 679 180.00
备注							

开票人：彭敏

2 附件16-1/3

出账回单

招商银行 CHINA MERCHANTS BANK

交易日期：2024年12月11日　　业务类型：企业银行支付（网银互联）
业务编号：C0264GC009842MP　　客户编号：3712024007
付款账号：624306528708091001　　付款人：郑州惠丽制衣有限公司
付款开户行：招商银行郑州福元路支行
收款账号：624453506905798　　收款人：郑州惠丽制衣有限公司工会
收款开户行：招商银行郑州福元路支行
交易金额（小写）：CNY1 987.20
交易金额（大写）：人民币壹仟玖佰捌拾柒元贰角整
交易摘要：11月工会经费
业务参考号：20241211074201

招商银行股份有限公司 MRFRIIER8 电子回单专用单

经办：刘文革　　复核：王大刚　　授权：李建刚　　回单编号：521B000167312　　招商银行股份有限公司

2 附件16-2/3

招商银行电子缴税付款凭证

招商银行 CHINA MERCHANTS BANK

日期：2024年12月11日　　税票号码：441016221000265
纳税人全称及识别号：郑州惠丽制衣有限公司 91410105317912513M
付款人全称：郑州惠丽制衣有限公司
付款人账号：624306528708091001　　缴款书交易流水：C4410FG001622FRT
付款人开户银行：招商银行郑州福元路支行
征收机关名称：郑州市康庄区工会委员会
小写（合计）金额：¥1 324.80
大写（合计）金额：人民币壹仟叁佰贰拾肆元捌角整

税（费）种名称	所属时期	实缴金额
工会经费	2024.11.1—2024.11.30	¥1 324.80

招商银行股份有限公司 LS8926CD 电子回单专用单

回单编号：8190006502100　　打印日期：2024/12/11　　渠道：税局

2 附件16-3/3

中华人民共和国税收完税证明

填发日期：2024年12月11日　　税务机关：国家税务总局郑州市康庄区税务局

纳税人识别号	91410105317912513M	纳税人名称		郑州惠丽制衣有限公司	
原凭证号	税种	税目名称	税款所属日期	入（退）库日期	实缴（退）金额
341006240100070942	其他收入	工会经费	2024年11月1日至2024年11月30日	2024-12-19	1 324.80
合计金额	（大写）人民币壹仟叁佰贰拾肆元捌角整				¥1 324.80
税务机关（盖章）	填表人 电子税务局	备注：一般申报 正税自行申报 现金申报，主管税务所（科、分局）：国家税务总局郑州市康庄区税务局			

第二联 收据 交纳税人作完税凭证

2 附件17-1/3

银行承兑汇票协议书（第二联）

协议编号：89183

出票人全称：郑州惠丽制衣有限公司
开户银行：招商银行郑州福元路支行
账　　号：6243065287080910001
汇票号码：9743537
出票日期：2024年12月12日

收款人全称：无锡赛鼎纺织品有限公司
开户银行：交通银行无锡莲荷支行
账　　号：1774540001654979
汇票金额（大写）：壹佰陆拾柒万玖仟壹佰捌拾元整
到期日期：2025年03月12日

以上汇票经承兑，出票人愿意遵守《支付结算办法》的规定及下列条款：
第一条　出票人于汇票到期日前将应付票款足额交存承兑行。
第二条　出票人按汇票金额百分之10存入保证金。
第三条　承兑手续费按票面金额千分之0.5计算。
…
第十三条　承兑到期日，承兑行凭票无条件支付款项。如到期之前出票人不能足额交付票款，承兑行有权从保证金账户及出票人在承兑行所有存款账户上扣划。对扣划后仍不足支付部分的票款转作为出票人逾期贷款。
第十四条　出票人付清承兑汇票票款后，本协议自动失效。

承兑行公章：（招商银行郑州福元路支行 银行汇票专用章）
协议日期：2024年12月12日

出票人公章：（郑州惠丽制衣有限公司 91410105317912513M）
协议日期：2024年12月12日

2 附件17-2/3

电子发票（增值税专用发票）

开票号码：24412000000049879722
开票日期：2024年12月12日

（全国统一发票监制章 国家税务总局 河南省税务局）

购买方信息	名称：郑州惠丽制衣有限公司 统一社会信用代码/纳税人识别号：91410105317912513M	销售方信息	名称：招商银行郑州福元路支行 统一社会信用代码/纳税人识别号：914101007507257807

项目名称	规格型号	单位	数量	单价	金额	税率/征收率	税额
*金融服务*银行承兑汇票手续费		项	1	792.07	792.07	6%	47.52
合　计					¥792.07		¥47.52
价税合计（大写）	⊗捌佰叁拾玖元伍角玖分					（小写）	¥839.59
备注							

开票人：方瑞

2 附件17-3/3

出账回单

招商银行 CHINA MERCHANTS BANK

交易日期：2024年12月12日
业务类型：对公转账提出贷记付款
业务编号：00000416487932R
客户编号：3712024007
付款账号：6243065287080910001
付款人：郑州惠丽制衣有限公司
付款开户行：招商银行郑州福元路支行
收款账号：01167987646497
收款人：郑州惠丽制衣有限公司保证金户
收款开户行：招商银行郑州福元路支行
交易金额（小写）：CNY167 918.00
交易金额（大写）：人民币壹拾陆万柒仟玖佰壹拾捌元整
交易摘要：承兑汇票保证金
业务参考号：20241212114520

（招商银行股份有限公司 12RT9GH1 电子回单专用单）

经办：王晓娜　　复核：雷丽　　授权：张笑　　回单编号：649F000004831　　招商银行股份有限公司

② 附件 18

材料入库单

供应单位：无锡赛鼎纺织品有限公司　　　　编号：0305

发票号码：41646494　　　　2024 年 12 月 13 日　　　　材料类别：面料

名称	计量单位	数量		实际成本				计划成本	
		应收	实收	买价		运费	合计	单价	金额
				单价	金额				
丝绸	米	25 000	25 000	36.00	900 000.00		900 000.00	30.00	750 000.00
全棉布	米	25 000	25 000	18.00	450 000.00		450 000.00	15.00	375 000.00
化纤布	米	10 000	10 000	9.60	96 000.00		96 000.00	8.00	80 000.00
无纺布	米	5 000	5 000	8.00	40 000.00		40 000.00		
合计		65 000	65 000		1 486 000.00		1 486 000.00		1 205 000.00

②财务记账

收料人：王小遥　　　　供应部门负责人：杨森　　　　经手人：刘亮

② 附件 19

电子发票（增值税专用发票）

开票号码：24412000000711800971

开票日期：2024 年 12 月 13 日

（印章：全国统一发票监制章 国家税务总局 河南省税务局）

购买方信息	销售方信息
名　　称：重庆紫薇服装有限公司	名　　称：郑州惠丽制衣有限公司
统一社会信用代码/纳税人识别号：91500100208298626Q	统一社会信用代码/纳税人识别号：91410105317912513M

项目名称	规格型号	单位	数量	单价	金额	税率/征收率	税额
*服装*化纤裤子		条	3 000	50.00	150 000.00	13%	19 500.00
合　计					¥150 000.00		¥19 500.00

价税合计（大写）　⊗壹拾陆万玖仟伍佰元整　　　　（小写）¥169 500.00

备注：现金折扣条件：2/10，1/20，n/30

开票人：薛丽娜

② 附件 20

固定资产折旧计算表

2024 年 12 月　　　　金额单位：元

类别	品名	单位	数量	单价	原始价值	使用年限	残值率	月折旧额
生产设备	电剪机	台	2	8 000.00	16 000.00	10	4%	128.00
	平缝机	台	80	1 600.00	128 000.00	10	4%	1 024.00
	双针机	台	20	6 500.00	130 000.00	10	4%	1 040.00
	缝边机	台	2	3 000.00	6 000.00	10	4%	48.00
	烫台	台	20	2 200.00	44 000.00	10	4%	352.00
	锁眼机	台	3	33 000.00	99 000.00	10	4%	792.00
	钉扣机	台	3	5 800.00	17 400.00	10	4%	139.20
	洗水设备	套	1	100 000.00	100 000.00	10	4%	800.00
	锅炉	套	1	88 000.00	88 000.00	10	4%	704.00
生产设备合计					628 400.00			5 027.20
房屋建筑	门面房	栋	1	4 000 000.00	4 000 000.00	20	4%	16 000.00
	合计				4 000 000.00			16 000.00
运输设备	桑塔纳汽车	辆	2	110 000.00	220 000.00	5	4%	3 520.00
	东风货车	辆	1	203 500.00	203 500.00	5	4%	3 256.00
	合计				423 500.00			6 776.00
办公设备	电脑	台	20	3 000.00	60 000.00	5	4%	960.00
	复印机	台	1	7 800.00	7 800.00	5	4%	124.80
	打印机	台	10	3 500.00	35 000.00	5	4%	560.00
	合计				102 800.00			1 644.80
合计					5 154 700.00			29 448.00

制表：魏民　　　　审核：高山

2 附件21-1/4

入账回单

招商银行 CHINA MERCHANTS BANK

交易日期：2024年12月15日　　业务类型：汇入汇款
业务编号：00804232832　　客户编号：3712024007
收款账号：624306528708091001　　收款人：郑州惠丽制衣有限公司
收款开户行：招商银行郑州福元路支行
付款账号：82938943894584　　付款人：湖南凤凰服装有限公司
付款开户行：中信银行长沙岳麓分行
交易金额（小写）：CNY1 000 000.00
交易金额（大写）人民币壹佰万元整
交易摘要：货款

招商银行股份有限公司 KJB854MN 电子回单专用单

经办：张鑫　　复核：高宇　　授权：于晰　　回单编号：376B000184916　　招商银行股份有限公司

2 附件21-2/4

电子发票（增值税专用发票）

全国统一发票监制章 国家税务总局 河南省税务局

开票号码：24412000000711800972
开票日期：2024年12月15日

购买方信息	名称：湖南凤凰服装有限公司 统一社会信用代码/纳税人识别号：91430100398757234H	销售方信息	名称：郑州惠丽制衣有限公司 统一社会信用代码/纳税人识别号：91410105317912513M				
项目名称	规格型号	单位	数量	单价	金额	税率/征收率	税额
*服装*丝绸裙子		条	13 000	300	3 900 000.00	13%	507 000.00
合计					¥3 900 000.00		¥507 000.00
价税合计（大写）	⊗肆佰肆拾万零柒仟元整					（小写）	¥4 407 000.00
备注							

开票人：薛丽娜

2 附件21-3/4

出账回单

招商银行 CHINA MERCHANTS BANK

交易日期：2024年12月15日　　业务类型：对公转账提出贷记付款
业务编号：D0000459723472T　　客户编号：3712024007
付款账号：624306528708091001　　付款人：郑州惠丽制衣有限公司
付款开户行：招商银行郑州福元路支行
收款账号：6584181430141123　　收款人：郑州路路通联运有限公司
收款开户行：交通银行郑州市支行
交易金额（小写）：CNY1 090.00
交易金额（大写）：人民币壹仟零玖拾元整
交易摘要：运费
业务参考号：20241215094545

招商银行股份有限公司 12RT9GH2 电子回单专用单

经办：王建军　　复核：吴英雄　　授权：陈秀花　　回单编号：649F000004834　　招商银行股份有限公司

2 附件21-4/4

电子发票（增值税专用发票）

开票号码：24412000000043178526
开票日期：2024年12月15日

货物运输服务

购买方信息	名称：郑州惠丽制衣有限公司 统一社会信用代码/纳税人识别号：91410105317912513M	销售方信息	名称：郑州路路通联运有限公司 统一社会信用代码/纳税人识别号：91410103009118227Y

项目名称	规格型号	单位	数量	单价	金额	税率/征收率	税额
*运输服务*丝绸服装运费		项	1	1 000.00	1 000.00	9%	90.00
合计					¥1 000.00		¥90.00

运输工具种类	运输工具牌号	起运地	到达地	运输货物名称
公路运输	豫A59665	郑州	长沙	丝绸裙子

价税合计（大写）	⊗壹仟零玖拾元整	（小写）¥1 090.00
备注		

开票人：李磊

2 附件22-1/2

关于固定资产转为投资性房地产的决定

为合理利用资源，增加企业效益，现将公司位于德化街100号的门面房用于出租，转为投资性房地产。

该房屋原值4 000 000元，已经提取折旧16 000元。

郑州惠丽制衣有限公司

2024年12月15日

2 附件22-2/2

房屋租赁合同（简）

出租方（甲方）：郑州惠丽制衣有限公司

承租方（乙方）：郑州雅韵珠宝有限公司

根据《中华人民共和国民法典》及相关法律法规的规定，甲、乙双方在平等、自愿的基础上，就甲方将房屋出租给乙方事宜，经协商一致，订立本合同。

第一条　甲方保证所出租的房屋符合国家对租赁房屋的有关规定。

第二条　甲方出租给乙方的房屋位于河南省郑州市德化街100号。

第三条　出租房屋面积共200平方米，公允价值4 100 000.00元。

第四条　该房屋租赁期共24个月。自2024年12月15日起至2026年12月15日止。

第五条　房屋每月不含税租金为：（大写）人民币壹万元整。

第六条　每月15日前支付当月房屋租金，甲方收款后应提供给乙方有效的收款凭证。

……

甲方签字：李惠萍　　　　乙方签字：车亚丽

（盖章）　　　　（盖章）

日期：2024年12月15日　　　　日期：2024年12月15日

2 附件23-1/2

入账回单

招商银行 CHINA MERCHANTS BANK

交易日期：2024年12月15日　　业务类型：汇入汇款
业务编号：00142753830　　客户编号：3712024007
收款账号：6243065287O8091001　　收款人：郑州惠丽制衣有限公司
收款开户行：招商银行郑州福元路支行
付款账号：589284584993899　　付款人：郑州雅韵珠宝有限公司
付款开户行：浦发银行健康路支行
交易金额（小写）：CNY10 900.00
交易金额（大写）：人民币壹万零玖佰元整
交易摘要：房租

招商银行股份有限公司 KLNM009KM 电子回单专用单

经办：孙正豪　复核：吴昊然　授权：郭志泽　回单编号：376B000184917　招商银行股份有限公司

2 附件23-2/2

电子发票（增值税专用发票）

不动产经营租赁服务

开票号码：24412000000711800973
开票日期：2024年12月15日

购买方信息	名称：郑州雅韵珠宝有限公司 统一社会信用代码/纳税人识别号：91410105317457693B	销售方信息	名称：郑州惠丽制衣有限公司 统一社会信用代码/纳税人识别号：91410105317912513M

项目名称	产权证书/不动产权证号	面积单位	数量	单价	金额	税率/征收率	税额
*经营租赁*房屋租金		平方米	200	50.00	10 000.00	9%	900.00
合　计					¥10 000.00		¥900.00
价税合计（大写）	⊗壹万零玖佰元整					（小写）¥10 900.00	
备注	不动产地址：德化街100号 跨地市标志：否				租赁期起止：2024年12月15日至2026年12月15日		

开票人：薛丽娜

2 附件24

招商银行
现金支票存根

30806132
91381904

附加信息

出票日期 2024年12月18日

收款人：郑州惠丽制衣有限公司

金　额：¥10 000.00

用　途：备用金

单位主管：　　会计：

2 附件25

电子发票（增值税专用发票）

开票号码：24412000000711800974
开票日期：2024年12月18日

购买方信息	名称：开封大华服饰有限公司 统一社会信用代码/纳税人识别号：914102013664770000H	销售方信息	名称：郑州惠丽制衣有限公司 统一社会信用代码/纳税人识别号：91410105317912513M

项目名称	规格型号	单位	数量	单价	金额	税率/征收率	税额
*纺织产品*塔线		轴	500	12.00	6 000.00	13%	780.00
合计					¥6 000.00		¥780.00
价税合计（大写）	⊗陆仟柒佰捌拾元整					（小写）	¥6 780.00
备注							

开票人：薛丽娜

2 附件26-1/5

资产交换协议书（简）

甲方：北京雅尼有限公司　　　　乙方：郑州惠丽制衣有限公司

甲、乙双方在平等、自愿的基础上，进行资产交换，该交换具有商业实质，经协商一致，达成以下意见：

1. 乙方以全棉衬衣2 500件换入甲方的“致雅”商标权和1台绣花机。
2. 全棉衬衣不含增值税的公允价值为200 000元。
3. “致雅”商标权不含增值税的公允价值为150 000元。
4. 绣花机不含增值税的公允价值为40 000元。
5. 甲方向乙方支付补价21 800元。

……

甲方签字：高雅妮　　　　乙方签字：李惠萍

（盖章）　　　　（盖章）

日期：2024年12月18日　　　　日期：2024年12月18日

2 附件26-2/5

电子发票（增值税专用发票）

开票号码：24412000000711800975
开票日期：2024年12月18日

购买方信息	名称：北京雅尼有限公司 统一社会信用代码/纳税人识别号：91100103238459487N	销售方信息	名称：郑州惠丽制衣有限公司 统一社会信用代码/纳税人识别号：91410105317912513M

项目名称	规格型号	单位	数量	单价	金额	税率/征收率	税额
*服装*全棉衬衣		件	2 500	80.00	200 000.00	13%	26 000.00
合计					¥200 000.00		¥26 000.00
价税合计（大写）	⊗贰拾贰万陆仟元整					（小写）	¥226 000.00
备注							

开票人：薛丽娜

2 附件26-3/5

电子发票（增值税专用发票）

全国统一发票监制章 国家税务总局 北京市税务局

开票号码：24412000000009437594

开票日期：2024年12月18日

购买方信息		销售方信息	
名　　称：郑州惠丽制衣有限公司		名　　称：北京雅尼有限公司	
统一社会信用代码/纳税人识别号：91410105317912513M		统一社会信用代码/纳税人识别号：91100103238459487N	

项目名称	规格型号	单位	数量	单价	金额	税率/征收率	税额
*服装加工机械*绣花机					40 000.00	13%	5 200.00
合　计					¥40 000.00		¥5 200.00
价税合计（大写）	⊗肆万伍仟贰佰元整					（小写）	¥45 200.00
备注							

开票人：程嘉欣

2 附件26-4/5

电子发票（增值税专用发票）

全国统一发票监制章 国家税务总局 北京市税务局

开票号码：24412000000009437595

开票日期：2024年12月18日

购买方信息		销售方信息	
名　　称：郑州惠丽制衣有限公司		名　　称：北京雅尼有限公司	
统一社会信用代码/纳税人识别号：91410105317912513M		统一社会信用代码/纳税人识别号：91100103238459487N	

项目名称	规格型号	单位	数量	单价	金额	税率/征收率	税额
*无形资产*商标权		项	1	150 000.00	150 000.00	6%	9 000.00
合　计					¥150 000.00		¥9 000.00
价税合计（大写）	⊗壹拾伍万玖仟元整					（小写）	¥159 000.00
备注							

开票人：程嘉欣

2 附件26-5/5

入账回单

招商银行 CHINA MERCHANTS BANK

交易日期：2024年12月18日	业务类型：汇入汇款
业务编号：C04466P8000006047888	客户编号：3712024007
收款账号：6243065287080910001	收款人：郑州惠丽制衣有限公司
收款开户行：招商银行郑州福元路支行	
付款账号：83475747548385980	付款人：北京雅尼有限公司
付款开户行：招商银行北京朝阳支行	
交易金额（小写）：CNY21 800.00	
交易金额（大写）：人民币贰万壹仟捌佰元整	
交易摘要：货款	
业务参考号：20241218111111	

招商银行股份有限公司 MRFRHER8 电子回单专用单

经办：明杰　　复核：杨弘文　　授权：靳烨　　回单编号：376B000184918　　招商银行股份有限公司

2 附件27

电子发票（普通发票）

开票号码：24412000000040865329
开票日期：2024年12月18日

购买方信息	名　　称：郑州惠丽制衣有限公司 统一社会信用代码/纳税人识别号：91410105317912513M	销售方信息	名　　称：郑州御花园餐饮有限公司 统一社会信用代码/纳税人识别号：91410102985968124Y

项目名称	规格型号	单位	数量	单价	金额	税率/征收率	税额
*餐饮服务*餐饮费		项	1	2 169.81	2 169.81	6%	130.19
合　计					¥2 169.81		¥130.19
价税合计（大写）	⊗贰仟叁佰元整					（小写）	¥2 300.00
备注							

开票人：冯娇

（印章：全国统一发票监制章 国家税务总局河南省税务局；现金付讫）

2 附件28

差旅费报销单

部门：技术处　　2024年12月19日

姓名	惠晓雨		出差事由	学习培训	出差时间	自2024年12月05日 至2024年12月11日			共7天	
起止时间及地点						车船费		住宿费	伙食补助		其他	

月	日	起	月	日	至	车船费类别	车船费金额	住宿费	伙食补助标准	伙食补助金额	其他内容摘要	其他金额
12	5	郑州	12	5	上海	火车	379	1 400	100	700	培训费	1 000
12	11	上海	12	11	郑州	火车	379				出租车费	122
小计							758	1 400		700		1 122
总计金额（大写）	叁仟玖佰捌拾元整							预支____元　实报3 980元 退款____元　或补付3 980元				

财务主管：高山　　部门负责人：　　审核：陈旭　　填报人：惠晓雨

（印章：现金付讫）

2 附件29-1/2

入账回单

招商银行 CHINA MERCHANTS BANK

交易日期：2024年12月20日　　业务类型：汇入汇款
业务编号：49R066H0000004058793　　客户编号：3712024007
收款账号：624306528708091001　　收款人：郑州惠丽制衣有限公司
收款开户行：招商银行郑州福元路支行
付款账号：735845856509680568958　　付款人：重庆紫薇服装有限公司
付款开户行：中国农业银行重庆巴南支行
交易金额（小写）：CNY166 500.00
交易金额（大写）：人民币壹拾陆万陆仟伍佰元整
交易摘要：货款
业务参考号：20241220222222

（印章：招商银行股份有限公司 424AAC2A 电子回单专用单）

经办：叶红艳　　复核：张天荣　　授权：孙志梅　　回单编号：349B000153724　　招商银行股份有限公司

2 附件29-2/2

郑州惠丽制衣有限公司销售现金折扣审批表

产品名称	客户名称	销售数量	不含税销售单价	不含税销售金额	增值税	发票时间	折扣条件	实际付款时间	折扣比例	折扣金额
化纤裤子	重庆紫薇服装有限公司	3 000条	50元	150 000	19 500	2024/12/13	2/10, 1/10, n/30	2024/12/20	2%	3 000
经办人		王伟杰								
销售经理意见		情况属实，同意　张桂平								
财务经理意见		同意　高山								
总经理意见		同意　王路华								

2 附件30-1/2

代销协议（简化）

甲方：郑州惠丽制衣有限公司　　　　乙方：郑州汇博超市

第一条　甲方为扩大产品销售渠道，委托乙方代销化纤裤子共计800条，不含税单价50元，乙方销售后进行货款结算。

第二条　本协议中的商品按收取手续费方式进行代销，乙方按所售出商品售价（含增值税）的10%收取代销手续费。

第三条　未售出的商品可以退回。乙方须保证所退回商品不污染、不破损，否则，按每件50元赔偿。

……

甲方签字：李慧萍　　　　乙方签字：张江水

（盖章）　　　　（盖章）

2024年12月21日　　　　2024年12月21日

（印章：郑州惠丽制衣有限公司 9141010531791251 3M）（印章：郑州汇博超市 914101033485094 28B）

2 附件30-2/2

产品出库单

出货单位：郑州惠丽制衣有限公司　　　　2024年12月21日　　　　№5008

收货单位：郑州汇博超市　　　　提货人：杨鹏

产品编号	产品名称	单位	数量
01	化纤裤子	条	800
		备注：800条裤子成本为13 352元（单价16.69元）	
合计			800条

经办人：孙琼琼　　销售处负责人：张桂平　　保管员：刘亮　　仓库负责人：王小遥

2 附件31-1/2

公益事业捐赠统一票据（电子）

票据代码：00050119
交款人统一社会信用代码：91410105317912513M
交款人：郑州惠丽制衣有限公司

票据号码：0002562687
校验码：af16e3
开票日期：2024-12-22

项目编码	项目名称	单位	数量	标准	金　额	备注
991010	捐赠款	项	1	5 000.00	5 000.00	
合　计					¥5 000.00	
价税合计（大写）	⊗伍仟元整				（小写）¥5 000.00	
其他信息						

开票人：宋春雨

2 附件31-2/2

出账回单

招商银行 CHINA MERCHANTS BANK

交易日期：2024年12月22日　　业务类型：对公转账提出贷记付款
业务编号：B00006417234D24　　客户编号：3712024007
付款账号：624306528708091001　　付款人：郑州惠丽制衣有限公司
付款开户行：招商银行郑州福元路支行
收款账号：8459612587849485089　　收款人：河南省青少年发展基金会
收款开户行：中国工商银行少年宫路支行
交易金额（小写）：CNY5 000.00
交易金额（大写）：人民币伍仟元整
交易摘要：捐款
业务参考号：20241222093530
经办：马宏宇　复核：高大山　授权：谢大海　回单编号：245T00002Y456　招商银行股份有限公司

2 附件32-1/2

电子发票（增值税专用发票）

开票号码：24412000000711800976
开票日期：2024年12月24日

购买方信息
名　　称：郑州顺达搬家有限公司
统一社会信用代码/纳税人识别号：91410106587212513M

销售方信息
名　　称：郑州惠丽制衣有限公司
统一社会信用代码/纳税人识别号：91410105317912513M

项目名称	规格型号	单位	数量	单价	金额	税率/征收率	税额
*经营租赁*出租货车		天	6	500.00	3 000.00	13%	390.00
合　计					¥3 000.00		¥390.00
价税合计（大写）	⊗叁仟叁佰玖拾元整						（小写）¥3 390.00
备注							

开票人：薛丽娜

2 附件32-2/2

入账回单

招商银行 CHINA MERCHANTS BANK

交易日期：2024年12月24日　　业务类型：汇入汇款

业务编号：49S066H0000007127636　　客户编号：3712024007

收款账号：6243065287080910011　　收款人：郑州惠丽制衣有限公司

收款开户行：招商银行郑州福元路支行

付款账号：7439018389358394898　　付款人：郑州顺达搬家有限公司

付款开户行：中国农业银行城东路支行

交易金额（小写）：CNY3 390.00

交易金额（大写）：人民币叁仟叁佰玖拾元整

交易摘要：租赁费

业务参考号：20241224333333

经办：郭富春　　复核：杨雯　　授权：赵丽　　回单编号：349B000153827　　招商银行股份有限公司

2 附件33

电子发票（增值税专用发票）

开票号码：24412000000711800977

开票日期：2024年12月25日

购买方信息	名称：济南泉润服装有限公司 统一社会信用代码/纳税人识别号：91370100367327736Z			销售方信息	名称：郑州惠丽制衣有限公司 统一社会信用代码/纳税人识别号：91410105317912513M		
项目名称	规格型号	单位	数量	单价	金额	税率/征收率	税额
*服装*全棉衬衣		件	3 000	80.00	240 000.00	13%	31 200.00
合计					¥240 000.00		¥31 200.00
价税合计（大写）	⊗贰拾柒万壹仟贰佰元整				（小写）¥271 200.00		
备注							

开票人：薛丽娜

2 附件34

固定资产报废单

2024年12月26日　　编号：001

固定资产名称	规格型号	计量单位	数量	预计使用年限	已使用年限	原始价值	已提折旧	备注
桑塔纳汽车		辆	1	60个月	1个月	110 000	1 760	
报废原因	办公室常青私自外借车辆，发生车祸毁损。							
处理意见	使用部门		技术鉴定小组		固定资产管理部门		主管部门审批	
	保险公司理赔100 000元，常青赔款10 000元，其余转入营业外支出。		同意　陈伟		同意　高山		同意　王路华	

2 附件35-1/2

电子发票（增值税专用发票）

开票号码：24412000000711800374
开票日期：2024年12月25日

购买方信息	名称：郑州惠丽制衣有限公司 统一社会信用代码/纳税人识别号：91410105317912513M	销售方信息	名称：郑州天元管理培训有限公司 统一社会信用代码/纳税人识别号：91410105093249822X

项目名称	规格型号	单位	数量	单价	金额	税率/征收率	税额
*现代服务*职工培训费		项	1	3 000.00	3 000.00	6%	180.00
合　计					¥3 000.00		¥180.00
价税合计（大写）	⊗叁仟壹佰捌拾元整					（小写）	¥3 180.00
备注							

开票人：张志

2 附件35-2/2

出账回单

招商银行 CHINA MERCHANTS BANK

交易日期：2024年12月27日
业务类型：对公转账提出贷记付款
业务编号：49S066H0000007127656
客户编号：3712024007
付款账号：6243065287080910001
付款人：郑州惠丽制衣有限公司
付款开户行：招商银行郑州福元路支行
收款账号：6584181430149977
收款人：郑州天元管理培训有限公司
收款开户行：交通银行郑州京广路支行
交易金额（小写）：CNY3 180.00
交易金额（大写）：人民币叁仟壹佰捌拾元整
交易摘要：培训费
业务参考号：20241227113639

（印章：招商银行股份有限公司 FT792TEW 电子回单专用单）

经办：石玉兰　复核：尚文清　授权：杨平　回单编号：349B000153829　招商银行股份有限公司

2 附件36-1/6

化纤裤子代销清单

销售日期	数量	单价	金额	增值税	价税合计
12.22	50条	50.00	2 500.00	325.00	2 825.00
12.23	110条	50.00	5 500.00	715.00	6 215.00
12.24	90条	50.00	4 500.00	585.00	5 085.00
12.25	100条	50.00	5 000.00	650.00	5 650.00
12.26	80条	50.00	4 000.00	520.00	4 520.00
12.27	90条	50.00	4 500.00	585.00	5 085.00
合计	520条	50.00	26 000.00	3 380.00	29 380.00

（印章：郑州汇博商贸 业务专用章）

单位盖章：　　　　制单：张超

2 附件36-2/6

产成品入库单

交库单位：郑州汇博超市　　2024年12月28日　　№8008

产品名称	计量单位	交付数量	检验结果		实收数量
			合格	不合格	
化纤裤子	件	280	280		280
			备注：此入库为郑州汇博超市退回的代销裤子，成本为4 673.20元。		

交库人：侯杰　　仓库保管员：刘亮

2 附件36-3/6

电子发票（增值税专用发票）

开票号码：24412000000711800978
开票日期：2024年12月28日

全国统一发票监制章 国家税务总局 河南省税务局

购买方信息	名称：郑州汇博超市 统一社会信用代码/纳税人识别号：91410103543509428B	销售方信息	名称：郑州惠丽制衣有限公司 统一社会信用代码/纳税人识别号：91410105317912513M

项目名称	规格型号	单位	数量	单价	金额	税率/征收率	税额
*服饰*化纤裤子		条	520	50.00	26 000.00	13%	3 380.00
合　计					¥26 000.00		¥3 380.00
价税合计（大写）	⊗贰万玖仟叁佰捌拾元整					（小写）	¥29 380.00
备注							

开票人：薛丽娜

2 附件36-4/6

入账回单

招商银行 CHINA MERCHANTS BANK

交易日期：2024年12月28日　　业务类型：汇入汇款
业务编号：00835813749　　客户编号：3712024007
收款账号：624306528708091001　　收款人：郑州惠丽制衣有限公司
收款开户行：招商银行郑州福元路支行
付款账号：405908596849058　　付款人：郑州汇博超市
付款开户行：招商银行城东路支行
交易金额（小写）：CNY29 380.00
交易金额（大写）：人民币贰万玖仟叁佰捌拾元整
交易摘要：货款

招商银行股份有限公司 36KKAHH6 电子回单专用章

经办：李向阳　　复核：王璐　　授权：王璐　　回单编号：7349A000395010　　招商银行股份有限公司

2 附件36-5/6

电子发票（增值税专用发票）

开票号码：24412000000048957111
开票日期：2024年12月28日

购买方信息	名称：郑州惠丽制衣有限公司 统一社会信用代码/纳税人识别号：91410105317912513M	销售方信息	名　　称：郑州汇博超市 统一社会信用代码/纳税人识别号：91410103543509428B

项目名称	规格型号	单位	数量	单价	金额	税率/征收率	税额
*现代服务*代销手续费		项	1	2 771.70	2 771.70	6%	166.30
合　计					¥2 771.70		¥166.30
价税合计（大写）	⊗贰仟玖佰叁拾捌元整					（小写）	¥2 938.00
备注							

开票人：张志强

2 附件36-6/6

出账回单

招商银行 CHINA MERCHANTS BANK

交易日期：2024年12月28日
业务类型：对公转账提出贷记付款
业务编号：Q020196592
客户编号：3712024007
付款账号：624306528708091001
付款人：郑州惠丽制衣有限公司
付款开户行：招商银行郑州福元路支行
收款账号：405908596849058
收款人：郑州汇博超市
收款开户行：招商银行城东路支行
交易金额（小写）：CNY2 938.00
交易金额（大写）：人民币贰仟玖佰叁拾捌元整
交易摘要：代销手续费
业务参考号：20241228151555

招商银行股份有限公司 TT6HP662 电子回单专用单

经办：杨林　复核：马果树　授权：杨万富　回单编号：349A000395903　招商银行股份有限公司

2 附件37-1/2

上海市中级人民法院民事裁定书
（对债务人申请破产还债用）

民破字（2024）第101号

申请人：上海风尚服装有限公司（上海市光明大道39号）

法定代表人：李雄（总经理）

委托代理人：魏民

申请人上海风尚服装有限公司因严重亏损，无力清偿到期债务，向本院申请宣告破产还债。

本院经审查认为，申请人上海风尚服装有限公司的申请理由成立。依照《中华人民共和国民事诉讼法》第一百九十九条和第二百条第一款的规定，裁定如下：

宣告申请人上海风尚服装有限公司破产。

本裁定送达后立即生效。

审判长：王铁面　　审判员：赵行

审判员：吴丽

2024年12月28日

上海市中级人民法院

本复印件与原件核对一致

2 附件37-2/2

坏账审批表

客户名称	上海风尚服装有限公司	经办人	张桂平
业务部门	日　期：2024年12月28日 金　额：32 500.00 原　因：企业破产 发票号：11800969 商　品：化纤裤子 意　见：同意		
总经理意见	同意作坏账处理。　王路华		
董事长意见	同意作坏账处理。　李惠萍		

郑州惠丽制衣有限公司 91410105317912513M

2 附件38

入账回单

招商银行 CHINA MERCHANTS BANK

交易日期：2024年12月30日
业务类型：对公转账提出贷记付款
业务编号：G7089000865976C
客户编号：3712024007
付款账号：624306528708091001
付款人：郑州惠丽制衣有限公司
付款开户行：招商银行郑州福元路支行
收款账号：62431545121552005
收款人：太平洋保险公司河南分公司
收款开户行：招商银行金水路支行
交易金额（小写）：CNY48 000.00
交易金额（大写）：人民币肆万捌仟元整
交易摘要：预付2025年机器设备保费
业务参考号：20241230164513

招商银行股份有限公司 7F7K4ARQ 电子回单专用单

经办：丁冬芹　复核：孙立军　授权：张虎豹　回单编号：349A000413912　招商银行股份有限公司

2 附件39-1/2

电子发票（普通发票）

全国统一发票监制章 国家税务总局 河南省税务局

开票号码：24412000000036945213
开票日期：2024年12月31日

购买方信息	名　称：郑州惠丽制衣有限公司 统一社会信用代码/纳税人识别号：91410105317912513M	销售方信息	名　称：招商银行郑州福元路支行企业信贷中心 统一社会信用代码/纳税人识别号：91410100330188262B

项目名称	规格型号	单位	数量	单价	金额	税率/征收率	税额
*金融服务*贷款利息		项	1	4 301.89	4 301.89	6%	258.11
合　计					¥4 301.89		¥258.11
价税合计（大写）	⊗肆仟伍佰陆拾元整					（小写）	¥4 560.00
备注							

开票人：尹馨

2 附件39-2/2

招商银行（福元路支行）计收利息传票 ③

2024年12月31日　　　借据号 153

客户号				结算账号：624306528708091001	
单位名称：郑州惠丽制衣有限公司				借款种类：短期借款	
计息起讫日期：2024.12.01—2024.12.31					
本金/积数	800 000.00	利率 0.57%		利息	4 560.00
逾期本金/积数		利率 %		利息	
欠息/积数		利率 %		利息	
币　种	人民币	利息总金额			4 560.00

客户付款联

招商银行股份有限公司 7F7K4ARP 电子回单专用单

银行盖章：　　主管：金荣　　复核：银普路　　经办：项晶晶

2 附件40-1/5

郑州惠丽制衣有限公司12月份水电费明细表

金额单位：元

单位	电费			水费			合计
	度数	单价	金额	吨数	单价	金额	
生产车间	20 000	0.80	16 000.00	400	5.50	2 200.00	18 200.00
管理部门	350	0.80	280.00	20	5.50	110.00	390.00
销售部门	50	0.80	40.00				40.00
合计	20 400	0.80	16 320.00	420	5.50	2 310.00	18 630.00

2 附件40-2/5

招商银行 CHINA MERCHANTS BANK

出账回单

交易日期：2024年12月31日　　业务类型：对公转账提出贷记付款
业务编号：C9547GC006214FR　　客户编号：3712024007
付款账号：624306528708091001　　付款人：郑州惠丽制衣有限公司
付款开户行：招商银行郑州福元路支行
收款账号：862306528700092345　　收款人：郑州市自来水公司
收款开户行：中国工商银行郑州市花园路支行
交易金额（小写）：CNY2 517.90
交易金额（大写）：人民币贰仟伍佰壹拾柒元玖角整
交易摘要：12月水费
业务参考号：20241231112554

招商银行股份有限公司 FR82681H 电子回单专用单

经办：刘静　　复核：董慧琳　　授权：任书贤　　回单编号：426B000186587　　招商银行股份有限公司

2 附件40-3/5

电子发票（增值税专用发票）

开票号码：24412000000077497539
开票日期：2024年12月30日

购买方信息		销售方信息	
名称：	郑州惠丽制衣有限公司	名称：	郑州市自来水公司
统一社会信用代码/纳税人识别号：	91410105317912513M	统一社会信用代码/纳税人识别号：	91410102098355289L

项目名称	规格型号	单位	数量	单价	金额	税率/征收率	税额
*水冰雪*工业用水		吨	420	5.50	2 310.00	9%	207.90
合　计					¥2 310.00		¥207.90
价税合计（大写）	⊗贰仟伍佰壹拾柒元玖角整					（小写）	¥2 517.90
备注							

开票人：卢小强

2 附件40-4/5

出账回单

招商银行 CHINA MERCHANTS BANK

交易日期：2024年12月31日　　业务类型：对公转账提出贷记付款
业务编号：00657GC00682KP2　　客户编号：3712024007
付款账号：6243065287O8091001　　付款人：郑州惠丽制衣有限公司
付款开户行：招商银行郑州福元路支行
收款账号：62435411444745484　　收款人：河南省电力公司郑州供电公司
收款开户行：中国建设银行淮河路支行
交易金额（小写）：CNY18 441.60
交易金额（大写）：人民币壹万捌仟肆佰肆拾壹元陆角整
交易摘要：12月电费
业务参考号：20241231085346

招商银行股份有限公司 WSD24267 电子回单专用单

经办：赵汝辉　　复核：徐振占　　授权：马永辉　　回单编号：426B000183269　　招商银行股份有限公司

2 附件40-5/5

电子发票（增值税专用发票）

开票号码：24412000000096486992
开票日期：2024年11月30日

购买方信息		销售方信息	
名称：	郑州惠丽制衣有限公司	名称：	河南省电力公司郑州供电公司
统一社会信用代码/纳税人识别号：	91410105317912513M	统一社会信用代码/纳税人识别号：	91410102645711308D

项目名称	规格型号	单位	数量	单价	金额	税率/征收率	税额
*供电*工业用电		度	20 400	0.80	16 320.00	13%	2 121.60
合　计					¥16 320.00		¥2 121.60
价税合计（大写）	⊗壹万捌仟肆佰肆拾壹元陆角整					（小写）	¥18 441.60
备注							

开票人：高大名

2 附件41-1/3

产品生产工时耗用统计表

2024年12月

产品名称	耗用工时（小时）	备注
全棉衬衣	8 500	
化纤裤子	1 500	
丝绸裙子	10 000	

制单：焦芳芳　　　　复核：惠晓雨

2 附件41-2/3

人工费用（工资）分配表

2024年12月　　　　金额单位：元

成本项目		分配计入			直接计入	合计
		分配标准	分配率	分配金额		
生产成本	全棉衬衣					
	化纤裤子					
	丝绸裙子					
	小　计					
制造费用						
销售费用						
管理费用						
合　计						

审核：高山　　　　制单：魏民

2 附件41-3/3

郑州惠丽制衣有限公司2024年12月工资计算表

单位：元

部门	姓名	基本工资	岗位津贴	奖金	合计
总经理办公室	王路华	4 000	1 000	5 000	10 000
	常　青	3 500	500	3 000	7 000
财务部	高　山	4 000	1 000	3 000	8 000
	陈　旭	3 500	500	2 000	6 000
	魏　民	3 500	500	1 000	5 000
人事处	张　力	4 000	800	3 000	7 800
	韩欢欢	3 500	500	1 000	5 000
供应处	杨　森	3 000	1 000	3 000	7 000
	胡梦梦	2 500	500	2 000	5 000
技术处	惠晓雨	4 000	1 500	10 000	15 500
	姬艳艳	3 500	1 000	8 000	12 500
	何　芳	3 500	800	6 000	10 300
仓储部	王小遥	3 000	500	3 000	6 500
	刘　亮	2 200	500	1 000	3 700
管理人员小计		**47 700**	**10 600**	**51 000**	**109 300**
销售处	张桂平	2 000	0	30 000	32 000
	孙琼琼	2 000	0	28 000	30 000
	陶俊瑞	2 000	0	25 000	27 000
	王海瑾	2 000	0	15 000	17 000
	王伟杰	2 000	0	10 000	12 000
销售人员小计		**10 000**	**0**	**108 000**	**118 000**
车间管理	张耀元	2 700	300	5 000	8 000
	成丰钰	2 700	300	4 000	7 000
	侯　杰	2 700	300	3 000	6 000
	李诗凯	2 700	300	2 000	5 000
车间管理人员小计		**10 800**	**1 200**	**14 000**	**26 000**
裁剪车间	苏　晓	2 200	500	2 000	4 700
机工车间	刘丽娜	2 200	500	3 500	6 200
	丁瑞芳	2 200	500	2 600	5 300
	樊　景	2 200	500	2 600	5 300
	范红娜	2 200	500	2 600	5 300
	范卫卫	2 200	500	2 600	5 300
整理车间	韩丽宇	2 200	500	2 500	5 200
	郝春坊	2 200	500	2 100	4 800
	郝玉晓	2 200	500	2 100	4 800
洗水车间	凌　地	2 200	500	2 000	4 700
	刘丽君	2 200	500	2 000	4 700
生产人员工资小计		**24 200**	**5 500**	**26 600**	**56 300**
合　计		**92 700**	**17 300**	**199 600**	**309 600**

附件42-1/4

2024年12份月社会保险费、住房公积金计算表

单位：元

部门	姓名	工资基数	设定提存计划		社会保险费			住房公积金
			养老保险	失业保险	工伤保险	医疗保险	生育保险	
总经理办公室	王路华	2 500	400	17.5	5	175	25	125
	常　青	2 500	400	17.5	5	175	25	125
财务部	高　山	2 500	400	17.5	5	175	25	125
	陈　旭	2 500	400	17.5	5	175	25	125
	魏　民	2 500	400	17.5	5	175	25	125
人事处	张　力	2 500	400	17.5	5	175	25	125
	韩欢欢	2 500	400	17.5	5	175	25	125
供应处	杨　森	2 500	400	17.5	5	175	25	125
	胡梦梦	2 500	400	17.5	5	175	25	125
技术处	惠晓雨	2 500	400	17.5	5	175	25	125
	姬艳艳	2 500	400	17.5	5	175	25	125
	何　芳	2 500	400	17.5	5	175	25	125
仓储部	王小遥	2 500	400	17.5	5	175	25	125
	刘　亮	2 500	400	17.5	5	175	25	125
管理人员小计		**35 000**	**5 600**	**245**	**70**	**2 450**	**350**	**1 750**
销售处	张桂平	2 500	400	17.5	5	175	25	125
	孙琼琼	2 500	400	17.5	5	175	25	125
	陶俊瑞	2 500	400	17.5	5	175	25	125
	王海瑾	2 500	400	17.5	5	175	25	125
	王伟杰	2 500	400	17.5	5	175	25	125
销售人员小计		**12 500**	**2 000**	**87.5**	**25**	**875**	**125**	**625**
车间管理	张耀元	2 500	400	17.5	5	175	25	125
	成丰钰	2 500	400	17.5	5	175	25	125
	侯　杰	2 500	400	17.5	5	175	25	125
	李诗凯	2 500	400	17.5	5	175	25	125
车间管理人员小计		**10 000**	**1 600**	**70**	**20**	**700**	**100**	**500**
裁剪车间	苏　晓	2 500	400	17.5	5	175	25	125
机工车间	刘丽娜	2 500	400	17.5	5	175	25	125
	丁瑞芳	2 500	400	17.5	5	175	25	125
	樊　景	2 500	400	17.5	5	175	25	125
	范红娜	2 500	400	17.5	5	175	25	125
	范卫卫	2 500	400	17.5	5	175	25	125
整理车间	韩丽宇	2 500	400	17.5	5	175	25	125
	郝春坊	2 500	400	17.5	5	175	25	125
	郝玉晓	2 500	400	17.5	5	175	25	125
洗水车间	凌　地	2 500	400	17.5	5	175	25	125
	刘丽君	2 500	400	17.5	5	175	25	125
生产人员工资小计		**27 500**	**4 400**	**192.5**	**55**	**1 925**	**275**	**1 375**
合　计		**85 000**	**13 600**	**595**	**170**	**5 950**	**850**	**4 250**

2 附件42-2/4

人工费用（设定提存计划）分配表

2024年12月　　　　金额单位：元

成本项目		分配计入			直接计入	合计
		分配标准	分配率	分配金额		
生产成本	全棉衬衣					
	化纤裤子					
	丝绸裙子					
	小计					
制造费用						
销售费用						
管理费用						
合　计						

审核：高山　　　　制单：魏民

2 附件42-3/4

人工费用（社会保险费）分配表

2024年12月　　　　金额单位：元

成本项目		分配计入			直接计入	合计
		分配标准	分配率	分配金额		
生产成本	全棉衬衣					
	化纤裤子					
	丝绸裙子					
	小计					
制造费用						
销售费用						
管理费用						
合　计						

审核：高山　　　　制单：魏民

2 附件42-4/4

人工费用（住房公积金）分配表

2024年12月　　　　金额单位：元

成本项目		分配计入			直接计入	合计
		分配标准	分配率	分配金额		
生产成本	全棉衬衣					
	化纤裤子					
	丝绸裙子					
	小计					
制造费用						
销售费用						
管理费用						
合　计						

审核：高山　　　　制单：魏民

2 附件43-1/3

工会经费、职工教育经费计算表

2024年12月　　　　单位：元

部门	工资	工会经费	职工教育经费	合计
管理人员				
销售人员				
车间管理				
生产人员				
合　计				

审核：高山　　　　制单：魏民

2 附件43-2/3

人工费用（工会经费）分配表

2024年12月　　　　金额单位：元

成本项目		分配计入			直接计入	合计
		分配标准	分配率	分配金额		
生产成本	全棉衬衣					
	化纤裤子					
	丝绸裙子					
	小计					
制造费用						
销售费用						
管理费用						
合　计						

审核：高山　　　　制单：魏民

2 附件43-3/3

人工费用（职工教育经费）分配表

2024年12月　　　　金额单位：元

成本项目		分配计入			直接计入	合计
		分配标准	分配率	分配金额		
生产成本	全棉衬衣					
	化纤裤子					
	丝绸裙子					
	小计					
制造费用						
销售费用						
管理费用						
合　计						

审核：高山　　　　制单：魏民

2 附件44

无形资产摊销计算单

2024年12月31日　　　　金额单位：元

无形资产	预计年限	原始成本	年摊销额	月摊销额
“致雅”商标权	5年			
合　计				

制单：魏民　　　　复核：高山

2 附件45

存货盘点报告

2024年12月31日

类别名称	计量单位	单价	实存数量	账存数量	盘盈		盘亏		经办人签字
					数量	金额	数量	金额	
周转筐	个	100.00	198	200			2	200.00	张耀元

处理意见	保管部门	清查小组	审批部门
	盘亏系财产保存管理制度不健全造成。 **张耀元**	盘亏系管理不善造成。 **高山**	公司承担盘亏损失。今后杜绝此类事情发生。 **王路华**

制单：魏民　　　　复核：高山

2 附件46

债权投资利息计提单

金额单位：元

日期	面值	应收利息（票面利率5%）	利息收入（实际利率4%）	摊销的利息调整
2024.12.31	50 000.00			

制单：魏民　　　　复核：高山

2 附件47

入账回单

招商银行 CHINA MERCHANTS BANK

交易日期：2024年12月31日　　　　业务类型：汇入汇款
业务编号：DS237800658656I　　　　客户编号：3712024007
收款账号：6243065287080910 01　　　　收款人：郑州惠丽制衣有限公司
收款开户行：招商银行郑州福元路支行
付款账号：4487646464566　　　　付款人：开封大华服装有限公司
付款开户行：中国农业银行开封鼓楼支行
交易金额（小写）：CNY10 000.00
交易金额（大写）：人民币壹万元整
交易摘要：分红款
业务参考号：20241231444444

（印章：招商银行股份有限公司 3257SWTE 电子回单专用单）

经办：蔡梦涵　　复核：吴盼盼　　授权：刘琴　　回单编号：42DER00184584　　招商银行股份有限公司

2 附件48

坏账准备计提单

2024年12月

项目	期末余额	计提比例	“坏账准备”账户应有余额	“坏账准备”账户现有余额		本期应计提金额	
				借方	贷方	借方	贷方
应收账款							

制单：魏民　　复核：高山

2 附件49

固定资产减值准备计算表

2024年12月31日

项　目	数量	账面价值		可收回金额	计提减值准备
		原值	已提折旧		
轿车	1	110 000	1 760	100 000	
合　计					

制单：魏民　　复核：高山

2 附件50-1/2

材料成本差异计算单

2024年12月

材料类别	材料名称	入库数量	计划单价	计划成本	实际成本	成本差异	
						超支	节约
面料	化纤布						
面料	全棉布						
面料	丝绸						
合　计							

制单：魏民　　复核：高山

2 附件50-2/2

材 料 入 库 单

供应单位：无锡赛鼎纺织品有限公司　　编号：0305

发票号码：41646494　　2024年12月13日　　材料类别：面料

名称	计量单位	数量		实际成本				计划成本	
		应收	实收	买价		运费	合计	单价	金额
				单价	金额				
丝绸	米	25 000	25 000	36.00	900 000.00		900 000.00	30.00	750 000.00
全棉布	米	25 000	25 000	18.00	450 000.00		450 000.00	15.00	375 000.00
化纤布	米	10 000	10 000	9.60	96 000.00		96 000.00	8.00	80 000.00
无纺布	米	5 000	5 000	8.00	40 000.00		40 000.00		
合　计		65 000	65 000		1 486 000.00		1 486 000.00		1 205 000.00

③成本计算

收料人：王小遥　　供应部门负责人：杨森　　经手人：刘亮

2 附件51-1/10

领　料　单

领料部门：裁剪车间

用　　途：化纤裤子

2024 年 12 月 3 日　　第 0012 号

材料		单位	数量		计划成本		实际成本	
名称	规格		请领	实发	单价	计划成本	单价	实际成本
化纤布		米	10 800	10 800	8.00	86 400.00		
无纺布		米	3 000	3 000			8.00	24 000.00
合　计								

财务部

领料人：苏晓　领料部门负责人：张耀元　发料人：刘亮　仓库负责人：王小遥

2 附件51-2/10

领　料　单

领料部门：机工车间

用　　途：化纤裤子

2024 年 12 月 3 日　　第 0013 号

材料		单位	数量		计划成本		实际成本	
名称	规格		请领	实发	单价	计划成本	单价	实际成本
塔线		轴	40	40			10.00	400.00
拉锁		个	9 000	9 000			1.00	9 000.00
合　计								

财务部

领料人：刘丽娜　领料部门负责人：成丰钰　发料人：刘亮　仓库负责人：王小遥

2 附件51-3/10

领　料　单

领料部门：整理车间

用　　途：化纤裤子

2024 年 12 月 5 日　　第 0014 号

材料		单位	数量		计划成本		实际成本	
名称	规格		请领	实发	单价	计划成本	单价	实际成本
扣子		粒	9 000	9 000			0.50	4 500.00
吊牌		个	9 000	9 000			0.20	1 800.00
包装箱		个	150	150			10.00	1 500.00
包装带		卷	60	60			2.00	120.00
合　计								

财务部

领料人：郝玉晓　领料部门负责人：侯杰　发料人：刘亮　仓库负责人：王小遥

2 附件51-4/10

领　料　单

领料部门：裁剪车间

用　　途：丝绸裙子　　　　2024 年 12 月 8 日　　　　第 0015 号

材料		单位	数量		计划成本		实际成本	
名称	规格		请领	实发	单价	计划成本	单价	实际成本
丝绸		米	23 750	23 750	30.00	712 500.00		
合计								

财务部

领料人：苏晓　　领料部门负责人：张耀元　　发料人：刘亮　　仓库负责人：王小遥

2 附件51-5/10

领　料　单

领料部门：机工车间

用　　途：丝绸裙子　　　　2024 年 12 月 9 日　　　　第 0016 号

材料		单位	数量		计划成本		实际成本	
名称	规格		请领	实发	单价	计划成本	单价	实际成本
塔线		轴	200	200			10.00	2 000.00
合　计								

财务部

领料人：刘丽娜　　领料部门负责人：成丰钰　　发料人：刘亮　　仓库负责人：王小遥

2 附件51-6/10

领　料　单

领料部门：整理车间

用　　途：丝绸裙子　　　　2024 年 12 月 10 日　　　　第 0017 号

材料		单位	数量		计划成本		实际成本	
名称	规格		请领	实发	单价	计划成本	单价	实际成本
扣子		粒	47 500	47 500			0.50	23 750.00
吊牌		个	9 500	9 500			0.20	1 900.00
包装箱		个	100	100			10.00	1 000.00
包装带		卷	30	30			2.00	60.00
合　计								

财务部

领料人：郝玉晓　　领料部门负责人：侯杰　　发料人：刘亮　　仓库负责人：王小遥

2 附件51-7/10

领　料　单

领料部门：裁剪车间

用　　途：全棉衬衣　　　　2024年12月20日　　　　第0018号

材料		单位	数量		计划成本		实际成本	
名称	规格		请领	实发	单价	计划成本	单价	实际成本
全棉布		米	26 000	26 000	15.00	390 000.00		
合　计								

财务部

领料人：苏晓　　领料部门负责人：张耀元　　发料人：刘亮　　仓库负责人：王小遥

2 附件51-8/10

领　料　单

领料部门：机工车间

用　　途：全棉衬衣　　　　2024年12月20日　　　　第0019号

材料		单位	数量		计划成本		实际成本	
名称	规格		请领	实发	单价	计划成本	单价	实际成本
塔线		轴	120	120			10.00	1 200.00
皮筋		米	3 000	3 000			0.30	900.00
合　计								

财务部

领料人：刘丽娜　　领料部门负责人：成丰钰　　发料人：刘亮　　仓库负责人：王小遥

2 附件51-9/10

领　料　单

领料部门：整理车间

用　　途：全棉衬衣　　　　2024年12月25日　　　　第0020号

材料		单位	数量		计划成本		实际成本	
名称	规格		请领	实发	单价	计划成本	单价	实际成本
扣子		粒	200 000	200 000			0.50	100 000.00
吊牌		个	20 000	20 000			0.20	4 000.00
包装箱		个	270	270			10.00	2 700.00
合　计								

财务部

领料人：郝玉晓　　领料部门负责人：侯杰　　发料人：刘亮　　仓库负责人：王小遥

2 附件51-10/10

发出材料汇总表

2024年12月31日　　　　　　金额单位：元

用途 / 材料		产品耗用						合计	
		化纤裤子		全棉衬衣		丝绸裙子			
名称	单位	数量	金额	数量	金额	数量	金额	数量	金额
合　计									

制单：魏民　　　　　　复核：高山

2 附件52-1/2

材料成本差异率计算表

2024年12月31日　　　　　　金额单位：元

材料名称	计量单位	期初余额			本期购进		
		数量	计划单价	计划成本	数量	计划单价	计划成本
化纤布	米						
全棉布	米						
丝绸	米						
合　计							
材料成本差异							
材料成本差异率							

制单：魏民　　　　　　复核：高山

2 附件52-2/2

材料成本差异分配表

2024年12月31日　　　　金额单位：元

成本项目	明细项目	计划成本	成本差异率	差异
生产成本	化纤裤子			
	全棉衬衣			
	丝绸裙子			
合　计				

制单：魏民　　　　复核：高山

2 附件53

制造费用分配表

2024年12月31日　　　　金额单位：元

产品名称	生产工时	分配率（元/小时）	分配金额
化纤裤子			
全棉衬衣			
丝绸裙子			
合　计			

制单：魏民　　　　复核：高山

2 附件54-1/9

产成品入库单

交库单位：整理车间　　　　2024年12月3日　　　　№ 8004

产品名称	计量单位	交付数量	检验结果		实收数量
			合格	不合格	
丝绸裙子	条	1 500	1 500		1 500

交库人：侯杰　　　　仓库保管员：刘亮

2 附件54-2/9

产成品入库单

交库单位：整理车间　　　　2024年12月9日　　　　№ 8005

产品名称	计量单位	交付数量	检验结果		实收数量
			合格	不合格	
化纤裤子	条	9 000	9 000		9 000

交库人：侯杰　　　　仓库保管员　刘亮

2 附件54-3/9

产成品入库单

交库单位：整理车间　　2024年12月18日　　№ 8006

产品名称	计量单位	交付数量	检验结果		实收数量
			合格	不合格	
丝绸裙子	条	9 500	9 500		9 500

交库人：侯杰　　仓库保管员：刘亮

2 附件54-4/9

产成品入库单

交库单位：整理车间　　2024年12月25日　　№ 8007

产品名称	计量单位	交付数量	检验结果		实收数量
			合格	不合格	
全棉衬衣	件	13 500	13 500		13 500

交库人：侯杰　　仓库保管员：刘亮

2 附件54-5/9

约当产量计算表

产品名称：全棉衬衣　　2024年12月31日

工序	生产步骤	工时	完工进度	期末在产品数量	
				数量	约当产量
1	剪裁	3分钟			
2	缝制	7分钟			
3	洗水	6分钟		5 000	
4	整烫	3分钟		1 000	
5	包装	1分钟			
合　计		20分钟		6 000	

制单：魏民　　复核：高山

2 附件 54-6/9

月末完工产品与在产品成本分配表

产品名称：化纤裤子　　2024 年 12 月 31 日　　金额单位：元

成本项目	金额			数量		完工产品成本	月末在产品成本
	期初余额	本期发生	合计	本期完工	约当产量		
直接材料							
直接人工							
制造费用							
合　计				—	—		

制单：魏民　　复核：高山

注：计算时，单价除不尽的，按四舍五入保留两位小数计算。

2 附件 54-7/9

月末完工产品与在产品成本分配表

产品名称：全棉衬衣　　2024 年 12 月 31 日　　金额单位：元

成本项目	金额			数量		完工产品成本	月末在产品成本
	期初余额	本期发生	合计	本期完工	约当产量		
直接材料							
直接人工							
制造费用							
合　计				—	—	520 560.00	221 886.81

制单：魏民　　复核：高山

注：计算时，单价除不尽的，按四舍五入保留两位小数计算。

2 附件 54-8/9

月末完工产品与在产品成本分配表

产品名称：丝绸裙子　　2024 年 12 月 31 日　　金额单位：元

成本项目	金额			数量		完工产品成本	月末在产品成本
	期初余额	本期发生	合计	本期完工	约当产量		
直接材料							
直接人工							
制造费用							
合　计							

制单：魏民　　复核：高山

注：计算时，单价除不尽的，按四舍五入保留两位小数计算。

2 附件54-9/9

产品成本汇总表

2024年12月31日　　　　单位：元

项目	化纤裤子	全棉衬衣	丝绸裙子	合计
期初在产品成本				
本期生产费用				
生产费用合计				
期末完工产品成本				
期末在产品成本				

制单：魏民　　　　复核：高山

2 附件55-1/7

产品出库单

出货单位：郑州惠丽制衣有限公司　　2024年12月13日　　№5003

收货单位：重庆紫薇服装有限公司　　提货人：王伟杰

产品编号	产品名称	单位	数量
02	化纤裤子	条	3 000
合　计			3 000

经办人：孙琼琼　　销售处负责人：张桂平　　保管员：刘亮　　仓库负责人：王小遥

2 附件55-2/7

产品出库单

出货单位：郑州惠丽制衣有限公司　　2024年12月15日　　№5004

收货单位：湖南凤凰服装有限公司　　提货人：王伟杰

产品编号	产品名称	单位	数量
03	丝绸裙子	条	13 000
合　计			13 000

经办人：孙琼琼　　销售处负责人：张桂平　　保管员：刘亮　　仓库负责人：王小遥

2 附件55-3/7

产品出库单

出货单位：郑州惠丽制衣有限公司　　2024年12月18日　　№5005

收货单位：北京雅尼有限公司　　提货人：王伟杰

产品编号	产品名称	单位	数量
01	全棉衬衣	件	2 500
合　计			2 500

经办人：孙琼琼　　销售处负责人：张桂平　　保管员：刘亮　　仓库负责人：王小遥

2 附件55-4/7

产品出库单

出货单位：郑州惠丽制衣有限公司　　2024年12月18日　　№5006

收货单位：开封大华服装有限公司　　提货人：王伟杰

产品编号	产品名称	单位	数量
	塔线	轴	500
合　计			500

经办人：孙琼琼　销售处负责人：张桂平　保管员：刘亮　仓库负责人：王小遥

2 附件55-5/7

产品出库单

出货单位：郑州惠丽制衣有限公司　　2024年12月21日　　№5007

收货单位：郑州汇博超市　　提货人：王伟杰

产品编号	产品名称	单位	数量
02	化纤裤子	条	800
合　计			800

经办人：孙琼琼　销售处负责人：张桂平　保管员：刘亮　仓库负责人：王小遥

2 附件55-6/7

产品出库单

出货单位：郑州惠丽制衣有限公司　　2024年12月25日　　№5008

收货单位：济南泉润服装有限公司　　提货人：王伟杰

产品编号	产品名称	单位	数量
01	全棉衬衣	件	3 000
合　计			3 000

经办人：孙琼琼　销售处负责人：张桂平　保管员：刘亮　仓库负责人：王小遥

2 附件55-7/7

销售产品成本计算单

编制单位：郑州惠丽制衣有限公司　　2024年12月31日　　金额单位：元

产品名称	期初成本			本期入库			发出成本		库存成本	
	数量	单价	金额	数量	单价	金额	数量	金额	数量	金额
全棉衬衣										
化纤裤子										
丝绸裙子										
合　计										

制单：魏民　　复核：高山

注：单价除不尽的，按四舍五入保存两位小数计算。

2 附件56

未交增值税计算表

2024年12月31日　　　　　　　　　　　　　　　　金额单位：元

本期进项税额				本期销项税额			
凭证	发票号	金额	发票单位	凭证	发票号	金额	受票单位
合　计				合　计			
未交增值税额：							

制单：薛丽娜　　　　　　　　　　　　　　复核：高山

2 附件57

应缴房产税、城镇土地使用税、车船税计算表

2024年12月31日　　　　　　　　　　　　　　　　金额单位：元

<table>
<tr><th>税种</th><th colspan="9">应纳税额计算</th></tr>
<tr><td rowspan="3">房产税</td><td>方式</td><td colspan="4">从价计征</td><td colspan="3">从租计征</td><td rowspan="2">应纳税额</td></tr>
<tr><td>项目</td><td>房产原值</td><td>房产余值</td><td>税率</td><td>应纳税额</td><td>租金收入</td><td>税率</td><td>应纳税额</td></tr>
<tr><td>金额</td><td>4 000 000.00</td><td>2 800 000.00</td><td>1.2%</td><td>2 800.00</td><td></td><td></td><td></td><td>2 800.00</td></tr>
<tr><td rowspan="2">城镇土地使用税</td><td colspan="4">应税面积</td><td colspan="4">税率</td><td>应纳税额</td></tr>
<tr><td colspan="4">200米²</td><td colspan="4">6元/平方米（年征收额）</td><td>100.00</td></tr>
<tr><td rowspan="3">车船税</td><td colspan="2">税目</td><td colspan="2">计税单位</td><td>单位税额</td><td>数量</td><td colspan="2">税额</td><td>应纳税额</td></tr>
<tr><td colspan="2">货车</td><td colspan="2">按自重每吨</td><td>30元/吨</td><td>10</td><td colspan="2">300.00</td><td rowspan="2">660.00</td></tr>
<tr><td colspan="2">小汽车</td><td colspan="2">每辆</td><td>360元/辆</td><td>1</td><td colspan="2">360.00</td></tr>
</table>

制单：薛丽娜　　　　　　　　　　　　　　复核：高山

备注：

税法规定：1.纳税人购置新建商品房，自房屋交付使用之次月起，缴纳房产税；2.纳税人出租、出借房产，自交付出租、出借房产之次月起，缴纳房产税。该公司11月购买房屋，12月份起缴纳房产税，按房产余值计算缴纳，2025年1月份开始按租金收入计算缴纳。

附件58

税金及附加计算表

编制单位：郑州惠丽制衣有限公司　　2024年12月31日　　金额单位：元

税种	计税依据	税率	应纳税额
城市维护建设税			
教育费附加			
地方教育附加			
合　计			

制单：薛丽娜　　复核：高山

附件59

结转损益类账户年度余额到本年利润

2024年度　　单位：元

账户名称	借方余额	贷方余额
管理费用		
销售费用		
财务费用		
税金及附加		
主营业务收入		
主营业务成本		
其他业务收入		
其他业务成本		
营业外支出		
营业外收入		
投资收益		
信用减值损失		
资产减值损失		
公允价值变动损益		
合　计		

财务主管：高山　　制表：魏民

附件60

企业所得税计算表

编制单位：郑州惠丽制衣有限公司　　2024年度　　单位：元

年度应纳税所得额	年度应纳税额	年度已缴税额	应计提纳税额

制单：薛丽娜　　复核：高山

相关信息说明：

1. 本年度罚没支出500.00元；
2. 投资性房地产账面价值4 100 000.00元，计税基础3 984 000.00元；
3. 固定资产轿车账面价值100 000.00元，计税基础108 240.00元；
4. 应收账款账面价值4 483 489.90元，计税基础4 506 020.00元；
5. 已经缴纳11月份企业所得税10 290.37元。

2 附件61

本年利润结转利润分配账户

2024年12月31日　　单位：元

账户名称	账户余额
本年利润（11月）	
本年利润（12月）	
合　计	

2 附件62

提取盈余公积和股东利润分配计算表

2024年12月31日　　单位：元

分配项目		分配率	分配依据（本年净利润）	提取或分配额
提取法定盈余公积金		10%		
按提取法定盈余公积金后的30%向投资者分配	李惠萍	60%		
	张曼丽	40%		
合　计				

2 附件63

利润分配结转未分配利润

2024年12月31日　　单位：元

应结转的利润分配明细分类账户名称	账户余额
提取法定盈余公积金	
应付利润	
合　计	

项目四

会计信息化实训资料

任务一　初始账套预置数据

（一）设置操作员及权限（见表4-1）

表4-1　操作员及权限

操作员编号	操作员姓名	系统权限
001	高山	账套主管
002	魏民	总账会计、薪资管理、固定资产管理、应收账款和应付账款管理
003	陈旭	出纳

（二）账套参数

账套号：学号后三位

账套名称：郑州惠丽制衣有限公司

账套路径：默认

启用日期：2024年11月1日

（三）单位信息

单位名称：郑州惠丽制衣有限公司

单位简称：郑州惠丽

单位地址：郑州市康庄大道168号

法人代表：李惠萍

电话：63817177

传真：63817178

（四）核算类型信息

本币名称：人民币（RMB）

企业类型：工业

行业性质：新会计制度科目

账套主管：高山

按行业性质预置科目：根据具体情况自己确定

（五）基础信息

存货分类、客户分类、供应商分类，无外币核算。

（六）分类编码方案

科目编码级次：4222

客户分类编码级次：223

供应商分类编码级次：223

存货分类编码级次：122

部门编码级次：122

地区分类编码级次：223

结算方式编码级次：12

其余编码均采用系统默认值。

（七）系统启用

启用总账、应收、应付、固定资产、薪资系统，启用日期统一为 2024 年 11 月 1 日。

任务二　基础档案设置

（一）部门档案（见表4-2）

表 4-2　　部门档案

部门编码	部门名称	部门属性
1	管理部门	
101	总经理办公室	行政管理
102	财务部	财务管理
103	人事处	人事管理
104	供应处	销售
105	技术处	技术指导
106	仓储部	仓储保管
2	销售部门	
201	销售处	销售管理
3	生产车间	
301	裁剪车间	裁剪
302	机工车间	机工
303	整理车间	整理
304	洗水车间	砂洗或水洗

（二）人员档案

1. 人员类别

企业管理人员、销售人员、车间管理人员和生产人员。

2. 人员档案（见表4-3）

表 4-3　　人员档案

职员编码	职员姓名	所属部门	职务	人员类别	是否业务员
10101	王路华	总经理办公室	总经理	企业管理人员	是
10102	常　青	总经理办公室	办公室主任	企业管理人员	是
10201	高　山	财务部	财务主管	企业管理人员	是
10202	陈　旭	财务部	出纳	企业管理人员	是
10203	魏　民	财务部	会计	企业管理人员	是
10301	张　力	人事处	人事处经理	企业管理人员	是
10302	韩欢欢	人事处	管理人员	企业管理人员	是
10401	杨　森	供应处	供应处经理	企业管理人员	是

续表

职员编码	职员姓名	所属部门	职务	人员类别	是否业务员
10402	胡梦梦	供应处	管理人员	企业管理人员	是
10501	惠晓雨	技术处	技术处经理	企业管理人员	是
10502	姬艳艳	技术处	管理人员	企业管理人员	是
10503	何　芳	技术处	管理人员	企业管理人员	是
10601	王小遥	仓储部	管理人员	企业管理人员	是
10602	刘　亮	仓储部	管理人员	企业管理人员	是
20101	张桂平	销售处	销售处经理	销售人员	是
20102	孙琼琼	销售处	营销人员	销售人员	是
20103	陶俊瑞	销售处	营销人员	销售人员	是
20104	王海瑾	销售处	营销人员	销售人员	是
20105	王伟杰	销售处	营销人员	销售人员	是
30101	张耀元	裁剪车间	车间主任	车间管理人员	是
30102	苏　晓	裁剪车间	工人	生产人员	是
30201	成丰钰	机工车间	车间主任	车间管理人员	是
30202	刘丽娜	机工车间	工人	生产人员	是
30203	丁瑞芳	机工车间	工人	生产人员	是
30204	樊　景	机工车间	工人	生产人员	是
30205	范红娜	机工车间	工人	生产人员	是
30206	范卫卫	机工车间	工人	生产人员	是
30301	侯　杰	整理车间	车间主任	车间管理人员	是
30302	韩丽宇	整理车间	工人	生产人员	是
30303	郝春坊	整理车间	工人	生产人员	是
30304	郝玉晓	整理车间	工人	生产人员	是
30401	李诗凯	洗水车间	车间主任	车间管理人员	是
30402	凌　地	洗水车间	工人	生产人员	是
30403	刘丽君	洗水车间	工人	生产人员	是

（三）供应商档案

1.供应商分类（见表4-4）

表4-4　　供应商分类

分类编码	分类名称
01	原料供应商
02	产品供应商

2. 供应商档案（见表4-5）

表4-5 供应商档案

供应商编码	供应商名称	所属分类码	分管部门名称
0101	浙江华阳纺织品有限公司	01	供应处
0102	江苏万利达服饰辅料有限公司	01	供应处
0103	郑州瓦楞纸箱厂	01	供应处
0104	北京九彩纺织品有限公司	01	供应处
0105	郑州久安劳保用品有限公司	01	供应处
0106	无锡赛鼎纺织品有限公司	01	供应处
0201	郑州永德办公家具有限公司	02	供应处
0202	郑州锅炉制造厂	02	供应处
0203	郑州建业房地产有限公司	02	供应处
0204	江苏省百福缝纫设备有限公司	02	供应处
0205	河南裕华汽车销售有限公司	02	供应处

（四）客户档案

1. 客户类别（见表4-6）

表4-6 客户类别

分类编码	分类名称
01	南方客户
02	北方客户

2. 客户档案（见表4-7）

表4-7 客户档案

供应商编码	供应商名称	所属分类码	分管部门名称
0101	上海风尚服装有限公司	01	销售处
0102	苏州婷美服装有限公司	01	销售处
0103	重庆紫薇服装有限公司	01	销售处
0104	湖南凤凰服装有限公司	01	销售处
0201	济南泉润服装有限公司	02	销售处
0202	北京雅尼有限公司	02	销售处
0203	郑州汇博超市	02	销售处
0204	开封大华服装有限公司	02	销售处

（五）存货档案

1. 存货分类（见表4-8）

表4-8　存货分类

分类编码	分类名称
1	原材料
101	主要材料
102	辅助材料
2	库存商品
3	周转材料
301	办公用品
302	生产用品
4	应税劳务

2. 计量单位组（见表4-9）

表4-9　计量单位组

计量单位组编码	计量单位组名称	计量单位组类别
01	基本计量单位组	无换算率

3. 计量单位（见表4-10）

表4-10　计量单位

计量单位编码	计量单位名称	所属计量单位组名称
01	轴	无换算关系
02	米	无换算关系
03	粒	无换算关系
04	个	无换算关系
05	卷	无换算关系
06	条	无换算关系
07	套	无换算关系
08	件	无换算关系
09	张	无换算关系
10	组	无换算关系
11	千米	无换算关系

4. 存货档案（见表4–11）

表4–11　　存货档案

存货编码	存货名称	所属类别	主计量单位	税率	存货属性
11001	化纤布	原材料（主材）	米	13%	外购、生产耗用、销售
11002	全棉布	原材料（主材）	米	13%	外购、生产耗用、销售
11003	印花棉布	原材料（主材）	米	13%	外购、生产耗用、销售
11004	丝绸	原材料（主材）	米	13%	外购、生产耗用、销售
12001	塔线	原材料（辅材）	轴	13%	外购、生产耗用、销售
12002	皮筋	原材料（辅材）	米	13%	外购、生产耗用、销售
12003	扣子	原材料（辅材）	粒	13%	外购、生产耗用、销售
12004	无纺布	原材料（辅材）	米	13%	外购、生产耗用、销售
12005	吊牌	原材料（辅材）	个	13%	外购、生产耗用、销售
12006	拉锁	原材料（辅材）	个	13%	外购、生产耗用、销售
12007	包装箱	原材料（辅料）	个	13%	外购、生产耗用、销售
12008	包装带	原材料（辅料）	卷	13%	外购、生产耗用、销售
2001	化纤裤子	库存商品	条	13%	自制、销售
2002	丝绸裙子	库存商品	条	13%	自制、销售
2003	全棉衬衣	库存商品	件	13%	自制、销售
31001	办公桌	周转材料（办公用品）	张	13%	外购、生产耗用、销售
31002	文件柜	周转材料（办公用品）	组	13%	外购、生产耗用、销售
31003	保险柜	周转材料（办公用品）	个	13%	外购、生产耗用、销售
32001	木方凳	周转材料（生产用品）	个	13%	外购、生产耗用、销售
32002	工作服	周转材料（生产用品）	套	13%	外购、生产耗用、销售
32003	周转筐	周转材料（生产用品）	个	13%	外购、生产耗用、销售
4001	运输费	应税劳务	千米	9%	外购、销售、应税劳务

（六）结算方式（见表4-12）

表4–12　　结算方式

编码	结算方式	票据管理标志
1	现金结算	√
2	支票结算	√
201	现金支票	√
202	转账支票	√
3	汇票	√
301	银行汇票	√
302	商业承兑汇票	√
303	银行承兑汇票	√
4	银行本票	√
5	汇兑	√
501	电汇	√
502	信汇	√
6	委托收款	√
7	托收承付	√
8	其他	√

（七）开户行设置

编码：01；基本存款账户：招商银行郑州福元路支行；账号：624306528708091001

任务三　总账系统初始化

（一）建账选项中设置的参数（见表4-13）

表4-13　建账选项中设置的参数

选项卡	参数设置
凭证	（1）凭证制单时，采用序时控制 （2）不进行支票管理 （3）赤字控制：资金及往来科目赤字控制方式——提示 （4）不可使用应收、应付受控科目，可以使用存货受控科目 （5）现金流量科目必录现金流量项目；自动填补凭证断号；批量审核凭证进行合法性校验；取消凭证录入时结算方式及票号必录 （6）凭证编号方式采用系统编号
账簿	默认设置
凭证打印	默认设置
预算控制	默认设置
权限	出纳凭证必须经由出纳签字；凭证必须经由主管会计签字；允许修改、作废他人填制的凭证；可查询他人的凭证；制单权限不控制到科目
会计日历	数量小数位和单价小数位：2位
其他	部门、个人、项目按编码方式排序

（二）会计科目设置（见表4-14）

表4-14　会计科目设置

科目名称	辅助核算类型	方向	备注
库存现金（1001）	日记账	借	指定科目（注意指定为现金流量科目）
银行存款（1002）	日记账、银行账	借	指定科目（注意指定为现金流量科目）
招商存款（100201）	日记账、银行账	借	指定科目（注意指定为现金流量科目）
其他货币资金（1015）		借	指定科目（注意指定为现金流量科目）
银行汇票（101501）		借	指定科目（注意指定为现金流量科目）
存出投资款（101502）		借	指定科目（注意指定为现金流量科目）
交易性金融资产（1101）		借	
应收票据（1121）	客户往来	借	受控系统：应收系统
应收账款（1122）	客户往来	借	受控系统：应收系统
预付账款（1123）		借	
货款（112301）	供应商往来	借	受控系统：应付系统
其他（112302）		借	
应收股利（1131）		借	
应收利息（1132）		借	
其他应收款（1231）		借	
个人（123101）	个人往来	借	
其他（123102）		借	

续表

科目名称	辅助核算类型	方向	备注
坏账准备（1241）		贷	
材料采购（1401）		借	
化纤布（140101）		借	数量单位：米
全棉布（140102）		借	数量单位：米
丝绸（140103）		借	数量单位：米
在途物资（1402）		借	
塔线（140201）		借	数量单位：轴
皮筋（140202）		借	数量单位：米
扣子（140203）		借	数量单位：粒
无纺布（140204）		借	数量单位：米
吊牌（140205）		借	数量单位：个
拉锁（140206）		借	数量单位：个
原材料（1403）		借	
主要材料（140301）		借	
化纤布（14030101）		借	数量单位：米
全棉布（14030102）		借	数量单位：米
丝绸（14030103）		借	数量单位：米
辅助材料（140302）		借	
塔线（14030201）		借	数量单位：轴
皮筋（14030202）		借	数量单位：米
扣子（14030203）		借	数量单位：粒
无纺布（14030204）		借	数量单位：米
吊牌（14030205）		借	数量单位：个
拉锁（14030206）		借	数量单位：个
包装箱（14030207）		借	数量单位：个
包装带（14030208）		借	数量单位：卷
材料成本差异（1404）		贷	
库存商品（1405）		借	
化纤裤子（140501）		借	数量单位：条
丝绸裙子（140502）		借	数量单位：条
全棉衬衣（140503）		借	数量单位：件
发出商品（1407）		借	
周转材料（1431）		借	
办公用品（143101）		借	
办公桌（14310101）		借	数量单位：张
文件柜（14310102）		借	数量单位：组
保险柜（14310103）		借	数量单位：个
生产用品（143102）		借	
木方凳（14310201）		借	数量单位：个
工作服（14310202）		借	数量单位：套

续表

科目名称	辅助核算类型	方向	备注
周转筐（14310203）		借	数量单位：个
存货跌价准备（1461）		贷	
长期股权投资（1524）		借	
长期股权投资减值准备（1525）		贷	
投资性房地产（1526）		借	
固定资产（1601）		借	
累计折旧（1602）		贷	
固定资产减值准备（1603）		贷	
在建工程（1604）		借	
锅炉（160401）		借	
工程物资（1605）		借	
固定资产清理（1606）		借	
无形资产（1701）		借	
待处理财产损溢（1901）		借	
短期借款（2001）		贷	
应付票据（2201）	供应商往来	贷	受控系统：应付系统
应付账款（2202）			
货款（220201）	供应商往来	贷	受控系统：应付系统
其他（220202）	供应商往来		
预收账款（2205）	客户往来	贷	受控系统：应收系统
应付职工薪酬（2211）		贷	
工资（221101）		贷	
社会保险（221102）		贷	
住房公积金（221103）		贷	
工会经费（221104）		贷	
职工教育经费（221105）		贷	
应交税费（2221）		贷	
应交增值税（222101）		贷	
进项税额（22210101）		贷	
已交税金（22210102）		贷	
销项税额（22210105）		贷	
应交所得税（222102）		贷	
应交城市维护建设税（222103）		贷	
应交教育费附加（222104）		贷	
应交地方教育附加（222105）			
应付股利（2231）		贷	
应付利息（2232）		贷	
其他应付款（2241）		贷	
长期借款（2501）		贷	
实收资本（4001）		贷	
资本公积（4002）		贷	

续表

科目名称	辅助核算类型	方向	备注
盈余公积（4101）		贷	
本年利润（4103）		贷	
利润分配（4104）		贷	
未分配利润（410415）		贷	
生产成本（5001）		借	
直接材料（500101）	项目核算	借	
直接人工（500102）	项目核算	借	
制造费用（500103）	项目核算	借	
制造费用（5101）		借	
折旧费（510101）		借	
主营业务收入（6001）		贷	
化纤裤子（600101）		贷	数量单位：条
丝绸裙子（600102）		贷	数量单位：条
全棉衬衣（600103）		贷	数量单位：件
公允价值变动损益（6101）		贷	
投资收益（6111）		贷	
营业外收入（6301）		贷	
主营业务成本（6401）		借	
化纤裤子（640101）		借	数量单位：条
丝绸裙子（640102）		借	数量单位：条
全棉衬衣（640103）		借	数量单位：件
其他业务收入（6051）		贷	
其他业务成本（6402）		借	
税金及附加（6405）		借	
销售费用（6601）		借	
工资（660101）		借	
社会保险（660102）		借	
住房公积金（660103）		借	
工会经费（660104）		借	
职工教育经费（660105）		借	
折旧费（660106）		借	
管理费用（6602）		借	
工资（660201）		借	
社会保险（660202）		借	
住房公积金（660203）		借	
工会经费（660204）		借	
职工教育经费（660205）		借	
折旧费（660206）		借	
财务费用（6603）		借	
资产减值损失（6701）		借	
信用减值损失（6702）		借	
营业外支出（6711）		借	
所得税费用（6801）		借	

（三）项目设置

1.定义项目大类

（1）生产成本项目（其他设置采用系统默认）；（2）现金流量项目。

2.核算科目

生产成本项目的核算科目为：直接材料、直接人工和制造费用。

3.项目分类

（1）生产成本项目：① 自行加工；② 委托加工。

（2）现金流量项目：06 现金内部变动。

4.项目目录

（1）生产成本项目：

01 化纤裤子 自行加工

02 丝绸裙子 自行加工

03 全棉衬衣 自行加工

（2）现金流量项目：23 现金内部变动。

（四）定义凭证类别（见表4-15）

表4-15 定义凭证类别

类型	限制类型	限制科目
记账凭证	无限制	无

任务四 各子模块设置

（一）固定资产模块

1. 建立固定资产账套（见表4-16）

表4-16 建立固定资产账套

控制参数	参数设置
约定与说明	我同意
启用月份	2024.11
折旧信息	本账套计提折旧 折旧方法：平均年限法（一） 折旧汇总分配周期：一个月 当（月初已提折旧=可使用月份-1）时，将剩余折旧全部提足
编码方式	资产类别编码方式：2112 固定资产编码方式：按“类别编码+部门编码+序号”自动编码，卡片序号长度为2
账务接口	与账务系统进行对账 固定资产对账科目：固定资产（1601） 累计折旧对账科目：累计折旧（1602） 在对账不平情况下不允许固定资产月末结账

2. 补充参数设置（见表4-17）

表4-17　补充参数设置

控制参数	参数设置
补充参数	业务发生后立即制单 月末结账前一定要完成制单登账业务 固定资产默认入账科目：固定资产（1601） 累计折旧默认入账科目：累计折旧（1602） 减值准备默认入账科目：固定资产减值准备（1603）

3. 部门及对应折旧科目（见表4-18）

表4-18　部门及对应折旧科目

部门	对应折旧科目
管理部门	管理费用/折旧费（660206）
销售部门	销售费用（660106）
生产车间	制造费用/折旧费（510101）

4. 资产类别（见表4-19）

表4-19　资产类别

编码	类别名称	净残值率	计提年限	单位	计提属性	卡片样式
01	运输设备					
011	货车	4%	5	辆	正常计提	通用
012	小轿车	4%	5	辆	正常计提	通用
02	生产设备	4%	10		正常计提	通用
03	房屋					
031	门面房	4%	20	栋	正常计提	通用
032	厂房	4%	20		正常计提	通用
04	办公设备	4%	5	台	正常计提	通用

5. 增减方式（见表4-20）

表4-20　增减方式

增减方式目录	对应入账科目
增加方式	
直接购入	招商存款（100201）
非货币性资产交换	主营业务收入（600103）
在建工程转入	在建工程（160401）
减少方式	
毁损	固定资产清理（1606）
固定资产出租	投资性房地产（1526）

（二）薪资模块

1. 建立薪资账套

(1)【参数设置】工资类别个数：单个；核算币种：人民币；核算计件工资：否。

(2)【扣税设置】要求代扣个人所得税。

(3)【扣零设置】不进行扣零处理。

(4)【人员编码】默认与公共平台编码一致。

2. 工资项目设置（见表4-21）

表4-21 工资项目设置

工资项目名称	类型	长度	小数位数	增减项
基本工资	数字	8	2	增项
岗位津贴	数字	8	2	增项
奖金	数字	8	2	增项
应发合计	数字	10	2	增项
社会保险	数字	8	2	减项
住房公积金	数字	8	2	减项
房租	数字	8	2	减项
代扣税	数字	10	2	减项
扣款合计	数字	10	2	减项
实发合计	数字	10	2	增项
计税基数	数字	8	2	其他

3. 人员档案管理（见表4-22）

表4-22 人员档案管理

职员编码	职员姓名	所属部门	人员类别	中方人员	是否计税
10101	王路华	总经理办公室	企业管理人员	是	是
10102	常　青	总经理办公室	企业管理人员	是	是
10201	高　山	财务部	企业管理人员	是	是
10202	陈　旭	财务部	企业管理人员	是	是
10203	魏　民	财务部	企业管理人员	是	是
10301	张　力	人事处	企业管理人员	是	是
10302	韩欢欢	人事处	企业管理人员	是	是
10401	杨　森	供应处	企业管理人员	是	是
10402	胡梦梦	供应处	企业管理人员	是	是
10501	惠晓雨	技术处	企业管理人员	是	是
10502	姬艳艳	技术处	企业管理人员	是	是
10503	何　芳	技术处	企业管理人员	是	是

续表

职员编码	职员姓名	所属部门	人员类别	中方人员	是否计税
10601	王小遥	仓储部	企业管理人员	是	是
10602	刘　亮	仓储部	企业管理人员	是	是
20101	张桂平	销售处	销售人员	是	是
20102	孙琼琼	销售处	销售人员	是	是
20103	陶俊瑞	销售处	销售人员	是	是
20104	王海瑾	销售处	销售人员	是	是
20105	王伟杰	销售处	销售人员	是	是
30101	张耀元	裁剪车间	车间管理人员	是	是
30102	苏　晓	裁剪车间	生产人员	是	是
30201	成丰钰	机工车间	车间管理人员	是	是
30202	刘丽娜	机工车间	生产人员	是	是
30203	丁瑞芳	机工车间	生产人员	是	是
30204	樊　景	机工车间	生产人员	是	是
30205	范红娜	机工车间	生产人员	是	是
30206	范卫卫	机工车间	生产人员	是	是
30301	侯　杰	整理车间	车间管理人员	是	是
30302	韩丽宇	整理车间	生产人员	是	是
30303	郝春坊	整理车间	生产人员	是	是
30304	郝玉晓	整理车间	生产人员	是	是
30401	李诗凯	洗水车间	车间管理人员	是	是
30402	凌　地	洗水车间	生产人员	是	是
30403	刘丽君	洗水车间	生产人员	是	是

4.银行和公式设置

（1）银行设置：

银行名称为“招商银行”。账号长度为18位，录入时自动带出的账号长度为8位。

（2）公式设置：

计税基数=基本工资+岗位津贴+奖金-社会保险-医疗保险-住房公积金

（三）应收系统

1. 应收系统选项（见表4-23）

表4-23 应收系统选项

控制参数	参数设置
单据审核日期依据	单据日期
受控科目制单方式	明细到单据
坏账处理方式	应收账款余额百分比法
应收款核销方式	按单据
控制科目依据	按客户
产品销售科目依据	按存货

2. 初始设置

基本科目设置：

应收科目：应收账款（1122）；预收科目：预收账款（2205）；销售收入：主营业务收入（6001）；税金科目：销项税额（22210105）；银行承兑科目：应收票据（1121）；商业承兑科目：应收票据（1121）。

3. 结算科目设置

现金结算：1001；现金支票、转账支票、银行本票、银行汇票、电汇、信汇、委托收款、托收承付：100201。

4. 坏账准备设置

提取比例：0.5%；坏账准备期初余额：0；坏账准备科目：1241；对方科目：6702。

（四）应付系统

1. 应付系统选项（见表4-24）

表4-24 应付系统选项

控制参数	参数设置
应付款核销方式	按单据
控制科目依据	按供应商
采购科目依据	按存货
单据审核日期依据	单据日期
受控科目制单方式	明细到单据
汇兑损益方式	月末处理

2. 初始设置

基本科目设置：

应付科目：应付账款-货款（220201）；预付科目：预付账款-货款（112301）；采购科目：原材料-主要材料-化纤布（14030101）；采购税金：进项税额（22210101）；银行承兑科目：应付票据（2201）；商业承兑科目：应付票据（2201）。

3. 结算科目设置

现金结算：1001；现金支票、转账支票、银行本票、银行汇票、电汇、信汇、委托收款、托收承付：100201。

任务五　11月份业务处理

参考手工部分的日常和月末业务资料，分别进入相关的系统模块进行 11 月份的业务处理，编制相关的记账凭证并审核记账，从第 40 笔业务开始部分业务可以用期末自动结转方法结转。

（一）薪资系统

（1）11 月份薪资明细项目数据录入。

（2）11 月份工资、工会经费、职工福利费、职工教育经费、社会保险费、住房公积金、等分摊设置。

（3）11 月份月末制单，生成应付工资及计提工会经费、职工教育经费、社会保险费、住房公积金等凭证。

（二）固定资产系统

1.11 月份固定资产卡片录入、修改、删除、变动等。

2.11 月份固定资产卡片制单、计提折旧。

（三）应收系统系统

1.11 月份录入销售发票、应收单据，审核并制单。

2.11 月份录入收款单据，审核并制单；与应收账款核销处理。

3.11 月份录入预收款单据，审核并制单；预收款冲销处理；预收转应收处理。

（四）应付系统系统

1.11 月份录入采购发票、应付单据，审核并制单。

2.11 月份录入付款单据，审核并制单；与应付账款核销处理。

3.11 月份录入预付款单据，审核并制单；预付款冲销处理；预付转应付处理。

（五）总账系统

1.11月份业务处理，编制记账凭证并审核

制造费用结转、生产成本结转、完工产品成本结转等可使用自动转账功能。

2.月末结转

（1）设置销售成本结转、期间损益结转的凭证模板；

（2）根据（1）自动生成销售成本结转凭证并审核记账、期间损益结转凭证（要求：收入和支出分别结转）并审核记账；

（3）自定义功能设置并结转生成应纳所得税的凭证并审核记账；使用期间损益结转功能，生成结转所得税费用凭证并审核记账。

（六）期末结账

（1）应收系统、应付系统、固定资产系统和薪资系统期末对账、结账。

（2）其他子系统均结账后，进行总账系统结账。

（七）报表编制

使用 UFO 报表系统，调用资产负债表、利润表、现金流量表模板，生成 11 月份资产负债表、利润表和现金流量表。

任务六　12月份业务处理

参考手工部分的日常和月末业务资料，分别进入相关的系统模块进行 12 月份的业务处理，编制相关的记账凭证并审核记账。

（一）薪资系统

（1）12 月份薪资明细项目数据录入。

（2）12 月份工资、工会经费、职工福利费、职工教育经费、社会保险费、住房公积金、等分摊设置。

（3）12 月份月末制单，生成应付工资及计提工会经费、职工教育经费、社会保险费、住房公积金等凭证。

（二）固定资产系统

（1）12 月份固定资产卡片录入、修改、删除、变动等。

（2）12 月份固定资产卡片制单、计提折旧。

（三）应收系统系统

（1）12 月份录入销售发票、应收单据，审核并制单。

（2）12 月份录入收款单据，审核并制单；与应收账款核销处理。

（3）12 月份录入预收款单据，审核并制单；预收款冲销处理；预收转应收处理。

（4）12 月份坏账准备计提。

（四）应付系统系统

（1）12 月份录入采购发票、应付单据，审核并制单。

（2）12 月份录入付款单据，审核并制单；与应付账款核销处理。

（3）12 月份录入预付款单据，审核并制单；预付款冲销处理；预付转应付处理。

（五）总账系统

1.12月份业务处理，编制记账凭证并审核

制造费用结转、生产成本结转、完工产品成本结转等可使用自动转账功能。

2.期末结转

（1）自动生成销售成本结转凭证并审核记账、期间损益结转凭证（要求：收入和支出分别结转）并审核记账；

（2）自定义功能设置并结转生成应纳所得税的凭证并审核记账；使用期间损益结转功能，生成结转所得税费用凭证并审核记账。

（3）设置对应结转凭证模板，生成结转本年利润凭证并审核记账。

（六）期末结账

（1）应收系统、应付系统、固定资产系统和薪资系统期末对账、结账。

（2）其他子系统均结账后，进行总账系统结账。

（七）报表编制

使用 UFO 报表系统，调用资产负债表、利润表、现金流量表模板，生成 12 月份资产负债表、利润表和现金流量表。